2024

中国火炬统计年鉴

CHINA TORCH STATISTICAL YEARBOOK

工业和信息化部火炬高技术产业开发中心 编

Edited By
Torch High Technology Industry
Development Center
Ministry of Industry and
Information Technology

中国统计出版社
China Statistics Press

图书在版编目（CIP）数据

中国火炬统计年鉴. 2024 = China Torch Statistical Yearbook 2024 : 汉英对照 / 工业和信息化部火炬高技术产业开发中心编. -- 北京 : 中国统计出版社, 2024. 12. -- ISBN 978-7-5230-0662-7

Ⅰ. F279.244.4-54

中国国家版本馆 CIP 数据核字第 2024S9K277 号

中国火炬统计年鉴 2024

作　　者/工业和信息化部火炬高技术产业开发中心
责任编辑/郭　栋
封面设计/李雪燕
出版发行/中国统计出版社有限公司
通信地址/北京市丰台区西三环南路甲 6 号　邮政编码/100073
电　　话/邮购（010）63376909　书店（010）68783171
网　　址/http://www.zgtjcbs.com
印　　刷/河北鑫兆源印刷有限公司
经　　销/新华书店
开　　本/880×1230mm　1/16
字　　数/270 千字
印　　张/10.75
版　　别/2024 年 12 月第 1 版
版　　次/2024 年 12 月第 1 次印刷
定　　价/180.00 元

《中国火炬统计年鉴 2024》
CHINA TORCH STATISTICAL YEARBOOK 2024

编者说明

《中国火炬统计年鉴 2024》是由工业和信息化部火炬高技术产业开发中心编撰的反映国家高新区、高新技术企业、科技企业孵化器、众创空间、特色产业基地、技术市场等相关内容的统计资料书。全书收录了全国各省、自治区、直辖市、计划单列市及副省级城市工业和信息化主管部门、科技主管部门和各国家高新区 2023 年度的相关火炬统计资料。

全书内容共分十一个部分。第一部分为国家高新技术产业开发区内企业的情况；第二部分为全国高新技术企业的情况；第三部分为科技企业孵化器的情况；第四部分为众创空间的情况；第五部分为国家大学科技园的发展情况；第六部分为国家火炬软件产业基地的发展情况；第七部分为国家火炬特色产业基地的发展情况；第八部分为创新型产业集群的发展情况；第九部分为全国技术市场发展情况；第十部分为国家技术转移机构发展情况；第十一部分为主要指标解释。

本书所涉及的全国性统计数据，除技术合同外，均未包括香港、澳门特别行政区和台湾省数据。

本书所涉及东部、中部、西部和东北地区的具体划分为：

东部地区：包括北京、天津、河北、上海、江苏、浙江、福建、山东、广东和海南共 10 个省、直辖市；中部地区：包括山西、安徽、江西、河南、湖北和湖南共 6 个省；西部地区：包括内蒙古、广西、重庆、四川、贵州、云南、西藏、陕西、甘肃、青海、宁夏和新疆共 12 个省、自治区、直辖市；东北地区：包括辽宁、吉林和黑龙江共 3 个省。

本书中使用的符号：“空格”表示该项统计指标数据不足本表最小单位数、数据不详或无该数据；“#”表示其中的主要项；“/”表示数据未提供，“*”或“①”表示本表下有注解。

本书中因小数取舍而产生的误差均未做配平处理。

EDITOR'S NOTES

China Torch Statistical Yearbook 2024 is a statistical data book compiled by Torch High Technology Industry Development Center, which reflects relevant contents of national high-tech zones, high-tech enterprises, technology business incubators, mass maker spaces, characteristic industrial bases, technology markets, etc. The book contains the relevant torch statistics of the industry and information technology management departments of provinces, the science and technology management departments of provinces, municipalities directly under the Central Government, autonomous regions, cities specifically designated in the state plan and sub provincial cities and national high-tech zones in 2023.

The book is divided into eleven parts. The first part is about the enterprises in the National High Technology Industrial Development Zones (National Hi-tech Zones); The second part is the situation of high technology enterprises in China; The third part is the situation of technology business incubators (TBIs); The fourth part is the situation of mass maker spaces; The fifth part is the development of the National University Science Parks; The sixth part is the development of National Torch Software Industrial Bases; The seventh part is the development of the national torch specialized industrial bases; The eighth part is the development of innovative industrial clusters; The ninth part is the development of the technology market in China; The tenth part is the development of national technology transfer centers; The eleventh part is the explanatory notes on main indicators.

Except for the technical contract, the national statistical data involved in this book do not include the data of Hong Kong, Macao Special Administrative Region and Taiwan Province.

The eastern, central, western and northeastern regions involved in this book are specifically divided into:

Eastern region with 10 provinces (municipalities) includes: Beijing, Tianjin, Hebei, Shanghai, Jiangsu, Zhejiang, Fujian, Shandong, Guangdong and Hainan; Central region with 6 provinces includes: Shanxi, Anhui, Jiangxi, Henan, Hubei and Hunan; Western region with 12 provinces (autonomous regions and municipalities) includes: Inner Mongolia, Guangxi, Chongqing, Sichuan, Guizhou, Yunnan, Xizang, Shaanxi, Gansu, Qinghai, Ningxia and Xinjiang; Northeastern region with 3 provinces includes: Liaoning, Jilin and Heilongjiang.

The symbol used in this book: "space" means that the statistical index data are insufficient to the minimum number of units in this table, the data are unknown or there are no such data; "#" indicates the main item; "/" indicates that the data are not provided, and "*" or "①" indicates that there are notes under this table.

In this book, the errors caused by decimals are not balanced.

目　录
Contents

第一部分　国家高新技术产业开发区
THE FIRST PART　NATIONAL HIGH TECHNOLOGY INDUSTRIAL DEVELOPMENT ZONES（NATIONAL HI-TECH ZONES）

第二部分 全国高新技术企业
THE SECOND PART HIGH TECHNOLOGY ENTERPRISES IN CHINA

第三部分　科技企业孵化器
THE THIRD PART　TECHNOLOGY BUSINESS INCUBATORS (TBIS)

第四部分　众创空间
THE FOURTH PART　MASS MAKER SPACES

第五部分　国家大学科技园

THE FIFTH PART　NATIONAL UNIVERSITY SCIENCE PARKS

第六部分 国家火炬软件产业基地
THE SIXTH PART NATIONAL TORCH SOFTWARE INDUSTRIAL BASES

第七部分 国家火炬特色产业基地
THE SEVENTH PART NATIONAL TORCH SPECIALIZED INDUSTRIAL BASES

第十部分　国家技术转移机构
THE TENTH PART　NATIONAL TECHNOLOGY TRANSFER CENTERS

第十一部分　主要指标解释
THE ELEVENTH PART　EXPLANATORY NOTES ON MAIN INDICATORS

1-1 高新区企业主要经济指标①

Main Economic Indicators of Enterprises in National Hi-tech Zones

年 份 Year	国家高新区数② (个) Number of National S & T Industrial Parks (unit)	入统企业数 (个) Number of Enterprises to Collect Data (unit)	年末从业人员 (万人) Year End Number of Employees (10000 persons)	营业收入③ (亿元) Operating Revenue (100 million yuan)	工业总产值 (亿元) Gross Industrial Output Value (100 million yuan)	净利润 (亿元) Net Profit (100 million yuan)	上缴税额 (亿元) Taxes Submitted (100 million yuan)	出口创汇 (亿美元) Export (100 million USD)
1995	52	12980	99.1	1529.0	1402.6	107.4	69.0	29.3
1996	52	13722	129.1	2300.3	2142.3	140.5	97.7	43.0
1997	53	13681	147.5	3387.8	3109.2	206.6	143.3	64.8
1998	53	16097	183.7	4839.6	4333.6	256.2	220.8	85.3
1999	53	17498	221.0	6775.0	5944.0	398.7	338.6	119.0
2000	53	20796	250.9	9209.3	7942.0	597.0	460.2	185.8
2001	53	24293	294.3	11928.4	10116.8	644.6	640.4	226.6
2002	53	28338	348.7	15326.4	12937.1	801.1	766.4	329.2
2003	53	32857	395.4	20938.7	17257.4	1129.4	990.0	510.2
2004	53	38565	448.4	27466.3	22638.9	1422.8	1239.6	823.8
2005	53	41990	521.2	34415.6	28957.6	1603.2	1615.8	1116.5
2006	53	45828	573.7	43320.0	35899.0	2128.5	1977.1	1361.0
2007	54	48472	650.2	54925.2	44376.9	3159.3	2614.1	1728.1
2008	54	52632	716.5	65985.7	52684.7	3304.2	3198.7	2015.2
2009	56	53692	810.5	78706.9	61151.4	4465.4	3994.6	2007.2
2010	83	55243	960.3	105917.3	84318.2	6855.4	5446.8	2648.0
2011	88	57033	1073.6	133425.1	105679.6	8484.2	6816.7	3180.6
2012	105	63926	1269.5	165689.9	128603.9	10243.2	9580.5	3760.4
2013	114	71180	1460.2	199648.9	151367.6	12443.6	11043.1	4133.3
2014	115	74275	1527.2	226754.5	169936.9	15052.5	13202.1	4351.4
2015	146	82712	1719.0	253662.8	186018.3	16094.8	14240.0	4732.7
2016	146	91093	1805.9	276559.4	196838.7	18535.1	15609.3	4389.5
2017	156	103631	1940.7	307057.5	202826.6	21420.4	17251.2	4780.7
2018	169	120057	2091.6	346213.9	222525.5	23918.1	18650.5	5631.2
2019	169	141147	2213.5	385549.4	240262.0	26097.4	18594.3	5997.2
2020	169	165357	2383.5	427998.1	256355.8	30442.3	18625.9	6484.4
2021	169	181541	2506.8	495096.1	293432.8	35862.0	21267.5	8078.7
2022	177	205848	2614.5	533617.7	313992.8	37845.5	22738.0	8775.6
2023	178	223573	2680.5	550149.4	319259.5	39925.1	23789.2	8261.5

注：①本年鉴中高新区企业的各项指标指纳入火炬统计的高新区内企业的各项指标。
②苏州工业园区于2006年开始参加国家高新区创新活动并纳入火炬统计，但2006–2017年国家高新区整体数不包含苏州工业园区。从2018年起，国家高新区数据包含苏州工业园区数据。
③2014年进一步规范了报表制度指标及定义，增加了“营业收入”的指标，取消了“总收入”的指标。此列2014年以前所列数据为企业“总收入”汇总数据。

1-2 高新区企业主要经济指标(按地区分类)

Main Economic Indicators of Enterprises in National Hi-tech Zones by Region

地　区　Region	国家高新区数量(个) Number of National Hi-tech Zones (unit)	工商注册企业数(个) Number of Registered Enterprises (unit)	入统企业数(个) Number of Enterprises to Collect Data (unit)	高新技术企业数(个) Number of Hi-tech Enterprises (unit)	年末从业人员(人) Year End Number of Employees (person)	营业收入(千元) Operating Revenue (1000 yuan)	工业总产值(千元) Gross Industrial Output Value (1000 yuan)
合　计 Total	**178**	**5870925**	**223573**	**156763**	**26804953**	**55014940375**	**31925945666**
东部地区 Eastern Region	70	3450666	140533	99494	16818240	35594988502	18633581898
中部地区 Middle Region	49	1191453	39706	28244	4877144	9343767773	6513431016
西部地区 Western Region	43	956455	31408	20499	4061196	7618276238	4844467902
东北地区 Northeast Region	16	272351	11926	8526	1048373	2457907862	1934464849
北　京 Beijing	1	596021	24294	17844	3221028	9177249574	1304191263
天　津 Tianjin	1	69816	4680	3201	242310	600875917	205247212
河　北 Hebei	5	85073	4820	2570	460206	839307647	520780878
山　西 Shanxi	2	54682	1991	1198	189512	449638058	286310057
内蒙古 Inner Mongolia	3	46364	833	430	151488	502571106	415555240
辽　宁 Liaoning	8	154961	7400	5067	612892	1280336307	1069692464
吉　林 Jilin	5	57737	2296	1701	252012	704530723	575383152
黑龙江 Heilongjiang	3	59653	2230	1758	183469	473040831	289389233
上　海 Shanghai	2	175776	17664	13896	1989895	4835612111	1625324848
江　苏 Jiangsu	18	912683	31270	20267	3131621	5795209014	4718365578
浙　江 Zhejiang	8	383310	12360	9532	1652005	3084459940	2292883015
安　徽 Anhui	8	174288	5905	4804	660771	1649528535	1061716067
福　建 Fujian	7	81224	6914	4969	769336	1080030595	857648161
江　西 Jiangxi	9	90377	3308	1392	535778	1217935967	1063492155
山　东 Shandong	13	349804	11145	8275	1523182	3079109027	2132427874
河　南 Henan	9	371178	7301	4691	831017	1280372586	941761345
湖　北 Hubei	12	355466	14037	10858	1723288	3158672342	2117865293
湖　南 Hunan	9	145462	7164	5301	936778	1587620285	1042286099
广　东 Guangdong	14	774925	26896	18661	3778835	6969800656	4915563670
广　西 Guangxi	4	87836	3199	1898	504780	774328910	479095107
海　南 Hainan	1	22034	490	279	49822	133334020	61149399
重　庆 Chongqing	4	170336	3757	2627	521885	786049015	697807981
四　川 Sichuan	8	292127	8121	5800	994470	1736780818	1108504953
贵　州 Guizhou	3	25298	1515	794	246303	371440185	203052527
云　南 Yunnan	3	62740	1011	635	155703	468976654	358074423
西　藏 Xizang	1	19237	45	43	4641	5408792	2455860
陕　西 Shaanxi	7	167814	10100	7027	956643	1835502272	1162457635
甘　肃 Gansu	2	18456	1128	619	203586	377968984	183539688
青　海 Qinghai	1	4375	135	65	11739	7677263	4883667
宁　夏 Ningxia	2	8681	338	73	31520	59572756	36676251
新　疆 Xinjiang	5	53191	1226	488	278438	691999483	192364571

1-2 续表 continued

单位：千元 (1000 yuan)

地 区	Region	净利润 Net Profit	上缴税费 Taxes Submitted	出口总额 Export	年末资产 Year End Assets	年末负债 Year End Liabilities
合 计	**Total**	**3992505692**	**2378919552**	**5821610205**	**103880900407**	**59488572294**
东部地区	Eastern Region	2713974179	1388858220	4262429242	71314072509	40091825088
中部地区	Middle Region	567409889	370704620	638263847	14737630643	8739925786
西部地区	Western Region	539915801	413533905	781304765	14482359629	8660127187
东北地区	Northeast Region	171205824	205822806	139612351	3346837627	1996694233
北 京	Beijing	918432356	316649606	337729015	26480132856	14577499018
天 津	Tianjin	27576995	17435466	41389714	1013696963	554725172
河 北	Hebei	38743700	49407304	60286269	1648523754	1032619852
山 西	Shanxi	18561700	14993928	3163510	739046280	505388629
内 蒙 古	Inner Mongolia	27040025	32836736	14417352	652296202	349817862
辽 宁	Liaoning	92408109	94807162	103109430	1634353777	954426539
吉 林	Jilin	66402995	73633732	24393120	1113254737	668135258
黑 龙 江	Heilongjiang	12394720	37381912	12109800	599229113	374132436
上 海	Shanghai	289567338	192404231	549710776	9198100449	4825743804
江 苏	Jiangsu	359154181	228577471	1132088967	9721008048	5620946098
浙 江	Zhejiang	231989559	138119062	382794722	4804306201	2406345384
安 徽	Anhui	77959229	89540486	166744315	2104792626	1277990449
福 建	Fujian	58642077	31009103	148411653	1384799503	734201943
江 西	Jiangxi	63543278	57847035	121493219	1183913671	626836991
山 东	Shandong	187300098	117224365	312589736	4266882801	2465952239
河 南	Henan	96213228	48129764	81820035	1880004172	1091290426
湖 北	Hubei	228167126	102517313	170009268	5758631224	3315223985
湖 南	Hunan	82965328	57676094	95033500	3071242668	1923195306
广 东	Guangdong	592156662	289804390	1292828520	12615120195	7755340026
广 西	Guangxi	35023155	21890308	85405138	1183448620	773129497
海 南	Hainan	10411212	8227221	4599869	181501739	118451551
重 庆	Chongqing	44346474	22026552	130781278	1051471901	598934792
四 川	Sichuan	170213519	86546394	436361737	3098897617	1815602922
贵 州	Guizhou	12628947	14898299	7802553	1461510766	979544652
云 南	Yunnan	26656058	66096825	2896538	644973016	306311453
西 藏	Xizang	-91393	654847	157283	18615144	8936767
陕 西	Shaanxi	157773252	119610464	95849191	3898308107	2451943412
甘 肃	Gansu	12362094	24277176	2372221	665457243	367356607
青 海	Qinghai	236469	568470	61985	14542578	6076661
宁 夏	Ningxia	1325083	1837437	1558402	76570739	45082709
新 疆	Xinjiang	52402119	22290398	3641087	1716267696	957389853

1-3 各高新区企业主要经济指标
Main Economic Indicators of Enterprises in National Hi-tech Zones

地　区	Region	工商注册企业数（个）Number of Registered Enterprises (unit)	入统企业数（个）Number of Enterprises to Collect Data (unit)	高新技术企业数（个）Number of Hi-tech Enterprises (unit)	年末从业人员（人）Year End Number of Employees (person)	营业收入（千元）Operating Revenue (1000 yuan)	工业总产值（千元）Gross Industrial Output Value (1000 yuan)
合　计	**Total**	**5870925**	**223573**	**156763**	**26804953**	**55014940375**	**31925945666**
北京中关村	Beijing Zhongguancun	596021	24294	17844	3221028	9177249574	1304191263
天津滨海	Tianjin Binhai	69816	4680	3201	242310	600875917	205247212
石家庄	Shijiazhuang	32273	2733	1228	230672	371037963	218672775
唐　山	Tangshan	11319	496	330	38106	51239646	28820502
保　定	Baoding	23014	1089	746	141987	323480480	225267011
承　德	Chengde	5824	211	90	20373	26684432	20170900
燕　郊	Yanjiao	12643	291	176	29068	66865126	27849690
太　原	Taiyuan	43128	1748	1073	144292	394905631	245711863
长　治	Changzhi	11554	243	125	45220	54732427	40598194
呼和浩特	Hohhot	9419	126	80	21690	94162999	88076153
包　头	Baotou	34845	575	275	118474	389430316	310897647
鄂尔多斯	Erdos	2100	132	75	11324	18977790	16581439
沈　阳	Shenyang	55873	2134	1886	177016	485732426	395791094
大　连	Dalian	62234	3980	2590	280081	490809726	392985250
鞍　山	Anshan	3391	507	142	51703	102705633	90518907
本　溪	Benxi	1371	98	50	9799	9401570	8028333
锦　州	Jinzhou	6024	196	110	26318	39352272	32396028
营　口	Yingkou	11387	196	159	22198	63500849	68079861
阜　新	Fuxin	3242	221	87	25051	30718731	26496069
辽　阳	Liaoyang	11439	68	43	20726	58115101	55396922
长　春	Changchun	22210	1031	877	138232	484540806	445335105
长春净月	Changchun Jingyue	26717	785	715	37504	99695381	19186953
吉　林	Jilin	5881	236	46	53863	82671959	75604254
通　化	Tonghua	1836	112	34	13799	16081717	14917249
延　吉	Yanji	1093	132	29	8614	21540860	20339591
哈尔滨	Harbin	50110	1525	1253	95729	264562023	106696037
齐齐哈尔	Qiqihar	2677	200	137	29130	54607611	47700363
大　庆	Daqing	6866	505	368	58610	153871198	134992833
上海张江	Shanghai Zhangjiang	168733	17122	13418	1941340	4742219156	1590303704
上海紫竹	Shanghai Zizhu	7043	542	478	48555	93392956	35021144
南　京	Nanjing	297213	10362	7041	737348	1292902815	812111657
无　锡	Wuxi	65579	2064	1516	308647	585529241	523264634
江　阴	Jiangyin	52319	774	563	116422	255848101	249984538
徐　州	Xuzhou	12954	765	345	86282	250867315	196251929
常　州	Changzhou	66617	2225	1339	248146	434288545	355887994
武　进	Wujin	21418	1015	729	145137	258387881	241237317
苏　州	Suzhou	68901	2543	1626	229701	438499986	351785104
昆　山	Kunshan	59275	1613	1108	216282	366403048	341996637
苏州工	Suzhou Industrial Park	107788	4390	2765	332694	763675155	639429465
常　熟	Changshu	13546	726	410	92071	176690432	165552558
南　通	Nantong	9160	643	391	117386	244476535	163235346
连云港	Lianyungang	6245	369	246	57493	85816519	88089431
淮　安	Huai'an	34272	474	416	69245	84053602	82101248
盐　城	Yancheng	35127	1116	548	102290	131290030	47196011

1-3 续表 1 continued

地 区	Region	工商注册企业数（个）Number of Registered Enterprises (unit)	入统企业数（个）Number of Enterprises to Collect Data (unit)	高新技术企业数（个）Number of Hi-tech Enterprises (unit)	年末从业人员（人）Year End Number of Employees (person)	营业收入（千元）Operating Revenue (1000 yuan)	工业总产值（千元）Gross Industrial Output Value (1000 yuan)
扬 州	Yangzhou	10126	507	382	47668	66754350	66090257
镇 江	ZhenJiang	13765	571	370	66913	102264397	98451435
泰 州	Taizhou	33287	821	323	104858	188280831	236826767
宿 迁	Suqian	5091	292	149	53038	69180231	58873250
杭 州	Hangzhou	114479	3846	2685	474474	1065442942	664543739
萧山临江	Xiaoshan Linjiang	72875	1768	1190	205280	390460530	310193350
宁 波	Ningbo	70520	3276	2842	395871	793729672	595549681
温 州	Wenzhou	40645	1052	947	205470	211821683	205756826
嘉 兴	Jiaxing	18811	237	157	79854	137169476	115392728
莫 干 山	Moganshan	9871	449	327	66444	100379714	88614778
绍 兴	Shaoxing	48483	827	588	95185	134753445	112079920
衢 州	Quzhou	7626	905	796	129427	250702478	200751992
合 肥	Hefei	80700	3514	3029	342510	867122438	517494157
芜 湖	Wuhu	29166	546	505	101837	179575104	142715376
蚌 埠	Bengbu	5884	226	167	49622	143249073	41955754
淮 南	Huainan	7178	265	173	23832	38511096	18942952
马鞍山慈湖	Ma'anshan Cihu	22220	413	273	45883	192878546	143097948
铜陵狮子山	Tongling Shizishan	18215	177	129	16243	59509244	53648403
安 庆	Anqing	4847	266	223	33957	57279748	52147214
滁 州	Chuzhou	6078	498	305	46887	111403286	91714263
福 州	Fuzhou	21786	1714	1569	151624	209490652	123878499
厦 门	Xiamen	25971	2793	1746	281804	451118895	333862170
莆 田	Putian	4828	352	204	91688	135793130	95823240
三 明	Sanming	1807	147	47	21058	45824118	48785960
泉 州	Quanzhou	16488	861	751	119801	93668515	109529699
漳 州	Zhangzhou	6877	824	503	80675	111001755	111610159
龙 岩	Longyan	3467	223	149	22686	33133531	34158436
南 昌	Nanchang	30234	917	533	178851	516740869	435614988
景 德 镇	Jingdezhen	5169	311	134	57646	106893733	93606161
九江共青城	Jiujiang Gongqing City	14523	270	66	27414	33044755	28856900
新 余	Xinyu	14233	306	94	71546	111896166	100866446
鹰 潭	Yingtan	5107	266	105	26459	120900637	113717096
赣 州	Ganzhou	5924	506	250	54111	109287201	89420310
吉 安	Ji'an	1714	205	47	46761	47685963	43987184
宜春丰城	Yichun Fengcheng	1759	274	76	28706	75269013	70270870
抚 州	Fuzhou	11714	253	87	44284	96217630	87152200
济 南	Jinan	88658	2926	2385	264298	454878677	196661610
青 岛	Qingdao	89276	2862	2426	258939	633009654	420503331
淄 博	Zibo	23984	840	595	175770	316570018	303725633
枣 庄	Zaozhuang	7139	212	118	27091	54582980	34343809
黄河三角洲	Huanghe Delta	1247	60	12	4859	43177742	26986548
烟 台	Yantai	21620	541	367	54496	89943575	58908085
潍 坊	Weifang	24544	853	653	252854	611230345	421524931
济 宁	Jining	40297	639	368	149717	327553348	231454329
泰 安	Tai'an	8023	524	302	58973	98851384	82395710

地 区	Region	工商注册企业数（个）Number of Registered Enterprises (unit)	入统企业数（个）Number of Enterprises to Collect Data (unit)	高新技术企业数（个）Number of Hi-tech Enterprises (unit)	年末从业人员（人）Year End Number of Employees (person)	营业收入（千元）Operating Revenue (1000 yuan)	工业总产值（千元）Gross Industrial Output Value (1000 yuan)
威 海	Weihai	20830	560	448	145235	189525352	142563429
莱 芜	Laiwu	10106	359	263	42082	127535775	84248249
临 沂	Linyi	12980	490	253	67423	102297044	99468368
德 州	Dezhou	1100	279	85	21445	29953133	29643842
郑 州	Zhengzhou	289689	3614	2675	282046	448569559	242037106
洛 阳	Luoyang	16822	1427	1008	197898	301656601	274310313
平顶山	Pingdingshan	6397	275	172	33434	78565533	44962136
安 阳	Anyang	16056	427	137	88182	140738892	127656976
新 乡	Xinxiang	8438	451	207	65455	102608430	81641572
焦 作	Jiaozuo	4325	305	174	41590	68786623	60699095
许 昌	Xuchang	715	75	52	5522	8218341	7055168
南 阳	Nanyang	15912	583	209	96985	85068599	67426979
信 阳	Xinyang	12824	144	57	19905	46160009	35971998
武 汉	Wuhan	135678	6213	5900	621330	1310335045	461667228
黄石大冶湖	Huangshi Dayehu	18351	589	411	77512	133390470	120004070
宜 昌	Yichang	18425	1138	885	171480	326391159	256504185
襄 阳	Xiangyang	30714	1199	725	187608	349232723	327449182
荆 门	Jingmen	21121	593	434	113662	222814218	203829499
孝 感	Xiaogan	19757	868	520	124690	192814069	147538444
荆 州	Jingzhou	18342	496	302	62402	76472571	81278282
黄 冈	Huanggang	14085	1105	769	110909	174389942	154580261
咸 宁	Xianning	27049	638	438	83413	148379738	145204196
随 州	Suizhou	12912	420	213	50716	87023501	96741969
仙 桃	Xiantao	16971	462	130	75876	69312681	66650987
潜 江	Qianjiang	22061	316	131	43690	68116224	56416989
长 沙	Changsha	71926	3659	2915	406221	617376418	246655876
宁 乡	Ningxiang	432	170	124	28823	64364372	62912669
株 洲	Zhuzhou	23871	749	628	186659	362399704	273873887
湘 潭	Xiangtan	8450	532	369	100666	187902746	163407226
衡 阳	Hengyang	11553	516	432	57287	95576642	60546556
常 德	Changde	2441	571	199	56690	82348370	81364540
益 阳	Yiyang	9860	499	252	61629	108802534	104059624
郴 州	Chenzhou	10262	252	193	24813	52529499	37759249
怀 化	Huaihua	6667	216	189	13990	16320001	11706473
广 州	Guangzhou	239465	6347	4205	772401	1462402459	776205925
深 圳	Shenzhen	288042	9963	6755	1374717	2703873173	1746375647
珠 海	Zhuhai	12963	2278	1450	299844	410079570	321911252
汕 头	Shantou	3289	305	264	26961	30592394	24718671
佛 山	Foshan	98725	2301	1845	354289	571827083	460648412
江 门	Jiangmen	18961	1041	832	129373	160512292	163847088
湛 江	Zhanjiang	15611	249	205	34287	218809004	208765726
茂 名	Maoming	4245	212	142	29186	83980753	57073459
肇 庆	Zhaoqing	4667	462	361	72485	134973695	120189075
惠 州	Huizhou	35043	1245	1005	258473	342294763	306240746
源 城	Yuancheng	4986	204	125	55349	58613329	55175750

地 区	Region	工商注册企业数（个） Number of Registered Enterprises (unit)	入统企业数（个） Number of Enterprises to Collect Data (unit)	高新技术企业数（个） Number of Hi-tech Enterprises (unit)	年末从业人员（人） Year End Number of Employees (person)	营业收入（千元） Operating Revenue (1000 yuan)	工业总产值（千元） Gross Industrial Output Value (1000 yuan)
清 远	Qingyuan	11335	272	215	65398	121684814	102135727
东 莞	Dongguan	14525	1104	718	162755	480385200	388373185
中 山	Zhongshan	23068	913	539	143317	189772126	183903007
南 宁	Nanning	38598	1234	850	192842	258119109	98924799
柳 州	Liuzhou	7921	813	570	136628	262721089	190063216
桂 林	Guilin	38578	973	407	124298	126078402	109059729
北 海	Beihai	2739	179	71	51012	127410310	81047363
海 口	Haikou	22034	490	279	49822	133334020	61149399
重 庆	Chongqing	138379	2409	1803	299304	484938341	412608688
璧 山	Bishan	20231	550	402	89965	104110758	97999689
荣 昌	Rongchang	8904	390	196	40759	33725234	32180474
永 川	Yongchuan	2822	408	226	91857	163274683	155019130
成 都	Chengdu	222943	5421	4667	544602	959626480	464029912
自 贡	Zigong	16490	510	155	59360	64152861	50127321
攀 枝 花	Panzhihua	5119	259	68	48414	113688529	81050697
泸 州	Luzhou	6712	444	172	63468	136718303	104616315
德 阳	Deyang	5566	336	136	52909	82619553	73394917
绵 阳	Mianyang	18486	565	390	125212	201117262	133555900
内 江	Neijiang	3915	223	99	32785	40355883	42736453
乐 山	Leshan	12896	363	113	67720	138501949	158993438
贵 阳	Guiyang	19153	1101	617	190913	303521430	135728057
遵 义	Zunyi	3880	173	99	25493	38928357	37998269
安 顺	Anshun	2265	241	78	29897	28990398	29326201
昆 明	Kunming	48000	737	517	112904	326659871	215822792
玉 溪	Yuxi	6271	157	66	26805	106433281	107979442
楚 雄	Chuxiong	8469	117	52	15994	35883501	34272189
拉 萨	Lhasa	19237	45	43	4641	5408792	2455860
西 安	Xi'an	111002	7576	5818	649983	1162194847	698556793
宝 鸡	Baoji	18774	987	432	131820	197831836	154499774
杨 凌	Yangling	9631	260	127	25395	36568879	19088682
咸 阳	Xianyang	5239	297	249	44437	113597512	93865456
渭 南	Weinan	6662	266	113	24139	54489813	40300329
榆 林	Yulin	8797	416	215	43340	197699058	125664326
安 康	Ankang	7709	298	73	37529	73120326	30482275
兰 州	Lanzhou	13669	807	512	129685	220437990	82474481
白 银	Baiyin	4787	321	107	73901	157530993	101065207
青 海	Qinghai	4375	135	65	11739	7677263	4883667
银 川	Yinchuan	8300	193	32	13407	33428366	14714476
石 嘴 山	Shizuishan	381	145	41	18113	26144390	21961776
乌鲁木齐	Urumqi	42958	541	258	194522	521363467	64108809
克拉玛依	Kelamayi	1392	159	69	21218	19398651	12478425
昌 吉	Changji	3459	307	59	14475	43249919	21046244
阿克苏阿拉尔	Aksu Alaer	3047	94	23	15932	22207471	19894817
新疆兵团	Xinjiang Corps	2335	125	79	32291	85779975	74836276

单位：千元 (1000 yuan)

地　区	Region	净利润 Net Profit	上缴税费 Taxes Submitted	出口总额 Export	年末资产 Year End Assets	年末负债 Year End Liabilities
合　计	**Total**	**3992505692**	**2378919552**	**5821610205**	**103880900407**	**59488572294**
北京中关村	Beijing Zhongguancun	918432356	316649606	337729015	26480132856	14577499018
天津滨海	Tianjin Binhai	27576995	17435466	41389714	1013696963	554725172
石家庄	Shijiazhuang	24213896	27043736	11413638	982714321	593387353
唐　山	Tangshan	3122759	3338982	3600303	84099077	47570943
保　定	Baoding	9425624	14244196	44521062	435993584	285005801
承　德	Chengde	1366929	757390	185857	46685110	27344018
燕　郊	Yanjiao	614491	4022999	565409	99031661	79311738
太　原	Taiyuan	12958725	8542859	2921997	634620846	445093749
长　治	Changzhi	5602975	6451069	241512	104425434	60294881
呼和浩特	Hohhot	6925028	17404210	688316	84369894	32547178
包　头	Baotou	15784678	14389599	11141384	486320159	270568936
鄂尔多斯	Erdos	4330319	1042926	2587652	81606150	46701749
沈　阳	Shenyang	43260667	45775163	9918901	574747974	318097547
大　连	Dalian	29128314	26318058	69416642	601148790	361207905
鞍　山	Anshan	13373099	7968240	4389221	106793558	59496318
本　溪	Benxi	378064	666273	331163	14018302	7973770
锦　州	Jinzhou	2486105	1283841	3437771	51515856	27700665
营　口	Yingkou	1111643	1460378	11040767	109380239	60049044
阜　新	Fuxin	3234294	1054942	1903445	46008520	23587833
辽　阳	Liaoyang	-564077	10280266	2671520	130740539	96313458
长　春	Changchun	51921454	46091581	3192767	482504847	271938650
长春净月	Changchun Jingyue	5309958	2602230	19560523	502435766	335595085
吉　林	Jilin	6685151	12421159	769710	65788209	30937109
通　化	Tonghua	1933555	917720	610982	45171046	20639864
延　吉	Yanji	552878	11601042	259138	17354869	9024551
哈尔滨	Harbin	6390699	16679226	4577407	389821106	240281820
齐齐哈尔	Qiqihar	6737197	2992643	3492895	106942588	71191632
大　庆	Daqing	-733176	17710044	4039498	102465418	62658984
上海张江	Shanghai Zhangjiang	280073930	185378580	543813722	8971963526	4731705366
上海紫竹	Shanghai Zizhu	9493408	7025650	5897054	226136924	94038439
南　京	Nanjing	69656937	55686876	133174824	2187223380	1245970262
无　锡	Wuxi	41512851	24084593	166710840	786851719	371625257
江　阴	Jiangyin	14305200	8191900	31975159	341203427	185854864
徐　州	Xuzhou	23957457	8828875	10956799	170384731	93626072
常　州	Changzhou	32162731	16032667	72791264	661825308	360091980
武　进	Wujin	12051223	7484197	28524647	346502970	206303331
苏　州	Suzhou	21065087	14867913	158106988	780895764	428013667
昆　山	Kunshan	15911515	8392737	172042823	453728522	284295409
苏州工	Suzhou Industrial Park	56448001	36567015	239721559	1851975620	1168220890
常　熟	Changshu	6249917	6262681	30610296	222471659	124405496
南　通	Nantong	21839779	8682668	28130754	192616796	105088670
连云港	Lianyungang	16828383	6550686	3752072	176291920	70595239
淮　安	Huai'an	4044379	3511055	7582284	119359611	61226376
盐　城	Yancheng	6041972	4752995	10232083	821922166	573834818

1-3 续表 5 continued

单位：千元 (1000 yuan)

地 区	Region	净利润 Net Profit	上缴税费 Taxes Submitted	出口总额 Export	年末资产 Year End Assets	年末负债 Year End Liabilities
扬 州	Yangzhou	4076861	2263275	9217693	90113529	45752650
镇 江	ZhenJiang	4742552	3295784	7353704	149780107	82986279
泰 州	Taizhou	6550427	11371150	17311226	278033687	161876221
宿 迁	Suqian	1708911	1750403	3893952	89827134	51178616
杭 州	Hangzhou	94616515	59101441	87747859	2006728033	1061071745
萧山临江	Xiaoshan Linjiang	17245740	10949982	47602031	513935975	265471116
宁 波	Ningbo	71176421	41147278	131833990	1080263604	516016625
温 州	Wenzhou	13901938	7692112	30617485	335362116	145515139
嘉 兴	Jiaxing	14418146	4967455	27167063	214523114	81109888
莫 干 山	Moganshan	7459344	3793050	16788810	133508366	59599775
绍 兴	Shaoxing	2379273	4178624	19540843	208892206	107398833
衢 州	Quzhou	10792182	6289120	21496640	311092787	170162262
合 肥	Hefei	49367160	56394692	131119814	1119076815	656917278
芜 湖	Wuhu	8266652	5207716	15712183	265788112	151344507
蚌 埠	Bengbu	4200586	15416116	3368471	277270280	212551285
淮 南	Huainan	1480119	980300	528188	66238242	33347953
马鞍山慈湖	Ma'anshan Cihu	2830307	5968492	5425346	204181886	132758883
铜陵狮子山	Tongling Shizishan	1595997	998404	4439340	33210899	14405593
安 庆	Anqing	2496600	2178375	2842032	66370641	33108680
滁 州	Chuzhou	7721808	2396391	3308940	72655752	43556270
福 州	Fuzhou	12233208	6960612	16925945	289779226	142699527
厦 门	Xiamen	24592054	12302103	99805075	672706224	357932584
莆 田	Putian	9333368	3594132	9338405	87664228	46726766
三 明	Sanming	1832291	640876	2040109	26839702	16264871
泉 州	Quanzhou	4545691	3365550	11748945	150844461	82719335
漳 州	Zhangzhou	4469195	3296008	8058453	107579203	59919362
龙 岩	Longyan	1636270	849822	494722	49386461	27939497
南 昌	Nanchang	17931576	29836081	48434685	486837982	256888133
景 德 镇	Jingdezhen	5393186	2776585	9780695	140667116	88715190
九江共青城	Jiujiang Gongqing City	2794755	974229	812793	26402948	12694313
新 余	Xinyu	7484717	8051618	12935539	161520655	73011200
鹰 潭	Yingtan	10904349	3678408	6839957	60137448	23120978
赣 州	Ganzhou	4208619	3603158	5763060	121036611	71564387
吉 安	Ji'an	4507251	984589	29349786	37906214	20539129
宜春丰城	Yichun Fengcheng	2121969	4474998	1385741	67450866	35779897
抚 州	Fuzhou	8196856	3467370	6190964	81953833	44523764
济 南	Jinan	24557644	11223497	18940866	785773256	481031715
青 岛	Qingdao	44763110	23237113	101621751	1021032676	591320265
淄 博	Zibo	22593013	20516221	30322430	372564493	182280608
枣 庄	Zaozhuang	2601824	1445879	3054241	86732066	53849290
黄河三角洲	Huanghe Delta	116354	3599253	90925	45270597	29715934
烟 台	Yantai	7133941	4195493	8905276	208028055	131513390
潍 坊	Weifang	26788640	21909972	82136195	723997088	446026222
济 宁	Jining	18376101	12754743	14677903	375407776	200951586
泰 安	Tai'an	6647689	3660283	3995275	148365731	94835618

1-3 续表 6 continued

单位: 千元 (1000 yuan)

地 区	Region	净利润 Net Profit	上缴税费 Taxes Submitted	出口总额 Export	年末资产 Year End Assets	年末负债 Year End Liabilities
威 海	Weihai	20787400	8030478	36186526	291296069	130518986
莱 芜	Laiwu	2228870	2076418	4847893	104831738	58823247
临 沂	Linyi	9782907	3701487	4856989	57560805	31370741
德 州	Dezhou	922604	873529	2953464	46022449	33714636
郑 州	Zhengzhou	29220944	11926197	37911819	674833108	428741618
洛 阳	Luoyang	23047608	13968573	15713366	505854723	281388741
平 顶 山	Pingdingshan	7717889	3013728	4214535	140415446	82090974
安 阳	Anyang	8357348	7955971	2442937	173658373	117040164
新 乡	Xinxiang	10685199	3625621	5392022	109678137	46252750
焦 作	Jiaozuo	5972679	2907122	7589411	113307865	58353064
许 昌	Xuchang	748142	431070	70743	11437951	5216570
南 阳	Nanyang	9198959	3295485	7880504	123531847	55561797
信 阳	Xinyang	1264459	1005997	604698	27286723	16644747
武 汉	Wuhan	101047642	35983969	85043695	3452516579	2062686218
黄石大冶湖	Huangshi Dayehu	3960280	3661986	4900833	288291211	137452913
宜 昌	Yichang	26264262	12929787	20669510	575904973	341782600
襄 阳	Xiangyang	21436660	12366267	10199458	367985761	193948057
荆 门	Jingmen	15866302	6633170	11743808	254514616	144695331
孝 感	Xiaogan	16721704	5682100	4748848	180661527	93743389
荆 州	Jingzhou	5488017	3823729	2288378	103659489	54180627
黄 冈	Huanggang	9173614	7261099	5092768	193327450	105782397
咸 宁	Xianning	12535318	5501890	8881353	108792354	55322613
随 州	Suizhou	7702995	2442148	6663214	79919081	40190860
仙 桃	Xiantao	4444274	2061764	8432674	73206255	36966856
潜 江	Qianjiang	3526059	4169405	1344729	79851928	48472126
长 沙	Changsha	28799429	21890673	40404335	1490591962	957071977
宁 乡	Ningxiang	4203439	2324070	6856231	71450012	41696734
株 洲	Zhuzhou	15193451	15493252	11476618	873359621	552897800
湘 潭	Xiangtan	13346570	6833798	9622474	220215155	135278056
衡 阳	Hengyang	4764727	2729040	13497374	171701859	97792238
常 德	Changde	5148513	2436823	1946597	103953457	62870505
益 阳	Yiyang	5871766	4179696	6992637	70008661	33923560
郴 州	Chenzhou	4465434	1230627	3869908	46265579	27510491
怀 化	Huaihua	1172001	558114	367326	23696362	14153944
广 州	Guangzhou	90165607	56643313	127092871	3523238633	2152268027
深 圳	Shenzhen	268721258	122301362	651898429	5211278881	3240006908
珠 海	Zhuhai	35268833	21236569	81884541	793109909	489360283
汕 头	Shantou	974770	930389	3863565	51993523	19825259
佛 山	Foshan	41407686	19522112	120477587	800550555	442938018
江 门	Jiangmen	9075397	6317515	50098961	214776576	112573249
湛 江	Zhanjiang	11810239	26688092	18983110	223890130	137628684
茂 名	Maoming	1714541	2897592	1478130	58718375	35691026
肇 庆	Zhaoqing	2095886	3344117	8828094	164596843	103033861
惠 州	Huizhou	14127301	7610117	103302844	507800880	310925613
源 城	Yuancheng	3367572	1500439	8010471	50126041	26559148

单位：千元 (1000 yuan)

地　区	Region	净利润 Net Profit	上缴税费 Taxes Submitted	出口总额 Export	年末资产 Year End Assets	年末负债 Year End Liabilities
清　远	Qingyuan	5087182	2393867	7433231	176000252	128910402
东　莞	Dongguan	97826144	12881886	50000466	567850364	405611289
中　山	Zhongshan	10514246	5537021	59476219	271189231	150008259
南　宁	Nanning	9857153	6579801	32778728	444216644	303944595
柳　州	Liuzhou	2589212	6958830	28486475	493907346	340561269
桂　林	Guilin	9329791	6069923	11329942	167062318	96709010
北　海	Beihai	13246999	2281753	12809993	78262312	31914622
海　口	Haikou	10411212	8227221	4599869	181501739	118451551
重　庆	Chongqing	17842927	11680178	108408870	677275151	380653080
璧　山	Bishan	9085101	3039307	13189747	126605603	86631094
荣　昌	Rongchang	2204911	1421933	1393528	53686041	27792004
永　川	Yongchuan	15213536	5885135	7789133	193905106	103858614
成　都	Chengdu	102482856	45532293	379064499	1883209303	1120703680
自　贡	Zigong	4012364	2020526	2677107	153783367	90821466
攀枝花	Panzhihua	9529042	4137066	727451	245374896	154061133
泸　州	Luzhou	21287461	16560797	2719592	175978333	85808475
德　阳	Deyang	6059431	2556378	2881839	76156219	49432450
绵　阳	Mianyang	3156676	5803454	41453279	297134462	201368175
内　江	Neijiang	3914561	1220017	1320612	56932381	32747505
乐　山	Leshan	19771130	8715863	5517358	210328655	80660039
贵　阳	Guiyang	11160943	12139364	6409898	1358621957	907569550
遵　义	Zunyi	820310	1166995	730279	45415357	30751264
安　顺	Anshun	647694	1591940	662376	57473452	41223838
昆　明	Kunming	12003619	9503212	2495149	426511833	243227479
玉　溪	Yuxi	13378288	55987790	346028	183506283	42212889
楚　雄	Chuxiong	1274151	605823	55361	34954900	20871085
拉　萨	Lhasa	-91393	654847	157283	18615144	8936767
西　安	Xi'an	103243891	68394933	69443871	2967181286	1925151578
宝　鸡	Baoji	5974421	14610199	8289559	273959447	191644140
杨　凌	Yangling	2728980	1494329	632161	73391130	43999027
咸　阳	Xianyang	5320082	9741038	12196433	152622701	78840228
渭　南	Weinan	5574323	2260190	3762117	60811200	28571720
榆　林	Yulin	26888142	20431650	52000	326535211	162257989
安　康	Ankang	8043414	2678124	1473050	43807131	21478731
兰　州	Lanzhou	9069809	19256926	1658936	504157990	278030024
白　银	Baiyin	3292284	5020250	713285	161299253	89326583
青　海	Qinghai	236469	568470	61985	14542578	6076661
银　川	Yinchuan	199764	869477	340668	35832679	26003646
石嘴山	Shizuishan	1125319	967959	1217735	40738060	19079063
乌鲁木齐	Urumqi	37333502	14112231	792991	1384070773	797929737
克拉玛依	Kelamayi	337453	693043	3808	25201581	14453676
昌　吉	Changji	6175992	1341545	2749185	110020470	55260192
阿克苏阿拉尔	Aksu Alaer	121801	652443	25985	33681946	23007127
新疆兵团	Xinjiang Corps	8433370	5491136	69118	163292925	66739122

1-4 各高新区企业收入情况

Revenue Statistics of Enterprises in National Hi-tech Zones

单位：千元 (1000 yuan)

地　区	Region	营业收入 Operating Revenue	技术收入 Technical Income	产品销售收入 Product Sales Income	商品销售收入 Commodity Sales Income
合　计	**Total**	**55014940375**	**8142541817**	**37641005343**	**4558267957**
北京中关村	Beijing Zhongguancun	9177249574	2647854917	2197929147	2161024740
天津滨海	Tianjin Binhai	600875917	93466765	283466290	49686249
石家庄	Shijiazhuang	371037963	80441473	213414341	64434756
唐　山	Tangshan	51239646	1729789	36089472	9941949
保　定	Baoding	323480480	13816213	295293120	4292946
承　德	Chengde	26684432	2245845	23661483	109171
燕　郊	Yanjiao	66865126	3048529	36217238	843458
太　原	Taiyuan	394905631	17790534	361906943	4535767
长　治	Changzhi	54732427	664196	51356096	566209
呼和浩特	Hohhot	94162999	1007891	88499114	331343
包　头	Baotou	389430316	20228864	360376182	1329837
鄂尔多斯	Erdos	18977790	440658	17263812	178283
沈　阳	Shenyang	485732426	62410920	410588168	3145220
大　连	Dalian	490809726	34801689	431845432	11767222
鞍　山	Anshan	102705633	14786681	84602414	424242
本　溪	Benxi	9401570	349407	8335233	651617
锦　州	Jinzhou	39352272	484285	36896734	291614
营　口	Yingkou	63500849	2315975	56417670	36929
阜　新	Fuxin	30718731	1898528	28311622	200300
辽　阳	Liaoyang	58115101	23015	55696483	348078
长　春	Changchun	484540806	7444876	448832566	895366
长春净月	Changchun Jingyue	99695381	2481516	39364198	51259634
吉　林	Jilin	82671959	2892780	77344001	87640
通　化	Tonghua	16081717	323898	11665263	3599949
延　吉	Yanji	21540860	241216	20332071	321062
哈尔滨	Harbin	264562023	20004719	201278447	37127540
齐齐哈尔	Qiqihar	54607611	422795	47723769	3644042
大　庆	Daqing	153871198	5702322	145082140	925699
上海张江	Shanghai Zhangjiang	4742219156	1190355955	2924497676	317719242
上海紫竹	Shanghai Zizhu	93392956	22804930	58319019	10481236
南　京	Nanjing	1292902815	279050168	940028700	34641696
无　锡	Wuxi	585529241	20779929	546816456	7955437
江　阴	Jiangyin	255848101	4115180	232168998	1863851
徐　州	Xuzhou	250867315	6027490	216909400	13624114
常　州	Changzhou	434288545	17226871	400521136	4832019
武　进	Wujin	258387881	7661245	242841251	2556178
苏　州	Suzhou	438499986	33022324	374270567	23222077
昆　山	Kunshan	366403048	3998463	346287355	5252624
苏州工	Suzhou Industrial Park	763675155	82497443	649867059	13578596
常　熟	Changshu	176690432	1990528	168818801	1157156
南　通	Nantong	244476535	4861822	233079136	3787324
连云港	Lianyungang	85816519	1963361	81134962	967327
淮　安	Huai'an	84053602	533685	78866645	1351274
盐　城	Yancheng	131290030	5669178	96576724	9912547

1-4 续表 1 continued

单位：千元 (1000 yuan)

地区	Region	营业收入 Operating Revenue	技术收入 Technical Income	产品销售收入 Product Sales Income	商品销售收入 Commodity Sales Income
扬州	Yangzhou	66754350	2228454	62628717	358491
镇江	ZhenJiang	102264397	2064727	97387743	518926
泰州	Taizhou	188280831	1224015	177806980	4897782
宿迁	Suqian	69180231	9168238	53216093	4915234
杭州	Hangzhou	1065442942	274232175	701318365	58753657
萧山临江	Xiaoshan Linjiang	390460530	12254876	335951489	16253730
宁波	Ningbo	793729672	58303910	602335719	102567299
温州	Wenzhou	211821683	3883933	201737573	1211988
嘉兴	Jiaxing	137169476	837028	125772934	7790797
莫干山	Moganshan	100379714	2999947	87613021	7860262
绍兴	Shaoxing	134753445	3796139	109850720	501240
衢州	Quzhou	250702478	1369685	227472896	10370772
合肥	Hefei	867122438	144005353	647116122	40217689
芜湖	Wuhu	179575104	2522389	166572171	1254273
蚌埠	Bengbu	143249073	599016	123890554	8029919
淮南	Huainan	38511096	1251275	31788455	853791
马鞍山慈湖	Ma'anshan Cihu	192878546	32281460	140824814	258332
铜陵狮子山	Tongling Shizishan	59509244	741518	55690301	710812
安庆	Anqing	57279748	969354	53642729	444533
滁州	Chuzhou	111403286	405118	108724199	678415
福州	Fuzhou	209490652	27421155	169010252	8757760
厦门	Xiamen	451118895	43644526	316100960	34773615
莆田	Putian	135793130	1302307	101810449	28196211
三明	Sanming	45824118	89451	44977798	381112
泉州	Quanzhou	93668515	634967	89705662	1436192
漳州	Zhangzhou	111001755	589917	107830311	599202
龙岩	Longyan	33133531	5627942	26254469	370393
南昌	Nanchang	516740869	24606322	456391157	5030447
景德镇	Jingdezhen	106893733	4505824	101056060	792014
九江共青城	Jiujiang Gongqing City	33044755	2614749	29608544	671189
新余	Xinyu	111896166	394821	110239922	321108
鹰潭	Yingtan	120900637	1525404	114116294	4305677
赣州	Ganzhou	109287201	706564	101570106	4299186
吉安	Ji'an	47685963	388819	46255693	540408
宜春丰城	Yichun Fengcheng	75269013	232003	71223979	2582028
抚州	Fuzhou	96217630	920442	93738464	404913
济南	Jinan	454878677	47381323	343041497	13324099
青岛	Qingdao	633009654	62158481	512314036	30008134
淄博	Zibo	316570018	12746357	291078090	3109347
枣庄	Zaozhuang	54582980	4017591	42357116	5943282
黄河三角洲	Huanghe Delta	43177742	38937	31477341	11245908
烟台	Yantai	89943575	5029592	69506685	13527849
潍坊	Weifang	611230345	7555453	552912548	26666035
济宁	Jining	327553348	1258461	281267361	38292601
泰安	Tai'an	98851384	5040893	88210929	2071390

1-4 续表 2 continued

单位：千元 (1000 yuan)

地 区	Region	营业收入 Operating Revenue	技术收入 Technical Income	产品销售收入 Product Sales Income	商品销售收入 Commodity Sales Income
威 海	Weihai	189525352	4529906	173441942	5322817
莱 芜	Laiwu	127535775	384152	118206156	6050975
临 沂	Linyi	102297044	880299	100764195	92433
德 州	Dezhou	29953133	127630	27978837	530162
郑 州	Zhengzhou	448569559	39759196	369889836	17365733
洛 阳	Luoyang	301656601	4994610	285697911	2901313
平 顶 山	Pingdingshan	78565533	8315862	57007079	2240807
安 阳	Anyang	140738892	3741240	128851391	1022843
新 乡	Xinxiang	102608430	880340	88573787	5993305
焦 作	Jiaozuo	68786623	1098674	61558822	877851
许 昌	Xuchang	8218341	594239	7502563	40746
南 阳	Nanyang	85068599	7044414	71003704	3793615
信 阳	Xinyang	46160009	58969	45293591	215041
武 汉	Wuhan	1310335045	343381217	789747608	109477570
黄石大冶湖	Huangshi Dayehu	133390470	500768	123051094	2216023
宜 昌	Yichang	326391159	17503601	287558230	5002138
襄 阳	Xiangyang	349232723	32209384	300935556	4487450
荆 门	Jingmen	222814218	3723937	202964793	11194568
孝 感	Xiaogan	192814069	4873098	170937518	12726093
荆 州	Jingzhou	76472571	1346407	73462804	966851
黄 冈	Huanggang	174389942	4063428	156044313	6081987
咸 宁	Xianning	148379738	8767939	134117712	2423718
随 州	Suizhou	87023501	1960254	82073737	1450318
仙 桃	Xiantao	69312681	1879099	65959046	820161
潜 江	Qianjiang	68116224	1969112	62572535	621666
长 沙	Changsha	617376418	151947054	372396760	64745424
宁 乡	Ningxiang	64364372	248090	59694976	136500
株 洲	Zhuzhou	362399704	3154943	319258522	28681762
湘 潭	Xiangtan	187902746	16586710	162860320	871459
衡 阳	Hengyang	95576642	8046255	83810053	334147
常 德	Changde	82348370	509908	75764228	2827957
益 阳	Yiyang	108802534	9183363	97532459	954835
郴 州	Chenzhou	52529499	1699795	49766056	302219
怀 化	Huaihua	16320001	1207324	14176916	168956
广 州	Guangzhou	1462402459	316877473	1010324034	41569884
深 圳	Shenzhen	2703873173	594261303	1867346956	118080502
珠 海	Zhuhai	410079570	19662705	371153272	5867752
汕 头	Shantou	30592394	2010327	27160134	950258
佛 山	Foshan	571827083	42873848	491770768	11417250
江 门	Jiangmen	160512292	1982493	151706633	1630230
湛 江	Zhanjiang	218809004	7090089	203989089	2923113
茂 名	Maoming	83980753	4739376	72929318	4497409
肇 庆	Zhaoqing	134973695	822932	116085554	13973196
惠 州	Huizhou	342294763	9614119	313791473	3827955
源 城	Yuancheng	58613329	3085879	52975644	652685

单位：千元 (1000 yuan)

地 区	Region	营业收入 Operating Revenue	技术收入 Technical Income	产品销售收入 Product Sales Income	商品销售收入 Commodity Sales Income
清 远	Qingyuan	121684814	2051728	113312172	2700155
东 莞	Dongguan	480385200	41238182	378702282	19854468
中 山	Zhongshan	189772126	4795169	169473330	8926738
南 宁	Nanning	258119109	66169141	176148824	5005842
柳 州	Liuzhou	262721089	11937551	219762881	21507011
桂 林	Guilin	126078402	14691273	97978267	8793741
北 海	Beihai	127410310	5666174	120207383	706530
海 口	Haikou	133334020	9640178	66755240	17193550
重 庆	Chongqing	484938341	40097002	412250772	3155554
璧 山	Bishan	104110758	3110186	98217289	595126
荣 昌	Rongchang	33725234	124775	31980357	1003169
永 川	Yongchuan	163274683	7639846	151844797	951638
成 都	Chengdu	959626480	243406685	618276332	74405631
自 贡	Zigong	64152861	894931	56527232	2911810
攀 枝 花	Panzhihua	113688529	19194855	81540936	1606122
泸 州	Luzhou	136718303	3565419	124847872	5679188
德 阳	Deyang	82619553	1955448	78614307	896999
绵 阳	Mianyang	201117262	2655094	146008693	49615557
内 江	Neijiang	40355883	1597953	37233289	804013
乐 山	Leshan	138501949	599066	129794568	2352278
贵 阳	Guiyang	303521430	49114325	185220485	19457827
遵 义	Zunyi	38928357	158173	36674746	1148425
安 顺	Anshun	28990398	704029	27114146	392927
昆 明	Kunming	326659871	9581785	262482913	49360809
玉 溪	Yuxi	106433281	410682	97721627	657329
楚 雄	Chuxiong	35883501	870723	34331399	46648
拉 萨	Lhasa	5408792	2232935	3080336	57353
西 安	Xi'an	1162194847	283960886	720318517	11265885
宝 鸡	Baoji	197831836	1988446	189766737	2113852
杨 凌	Yangling	36568879	5839732	24773314	1135874
咸 阳	Xianyang	113597512	10551758	96771701	2883152
渭 南	Weinan	54489813	993183	41232306	10901098
榆 林	Yulin	197699058	2144381	181761126	10347827
安 康	Ankang	73120326	16159269	37007043	14135744
兰 州	Lanzhou	220437990	18928801	100087402	9208979
白 银	Baiyin	157530993	1929644	146130156	738460
青 海	Qinghai	7677263	836705	5551616	111512
银 川	Yinchuan	33428366	1313910	25570812	464518
石 嘴 山	Shizuishan	26144390	297658	23594508	1003420
乌鲁木齐	Urumqi	521363467	18757327	87843688	304437846
克拉玛依	Kelamayi	19398651	4451770	10762186	1084819
昌 吉	Changji	43249919	2338202	29091336	6402730
阿克苏阿拉尔	Aksu Alaer	22207471	139823	19696050	1929953
新疆兵团	Xinjiang Corps	85779975	165481	81065802	984571

1-5 各高新区企业人员情况

Personnel Statistics of Enterprises in National Hi-tech Zones

单位：人 (person)

地　区	Region	年末从业人员 Year End Number of Employees	留学归国人员 Returned Overseas Scholars	外籍常驻人员 Foreign Personnel in Residence	大专以上 College and Higher Level
合　计	**Total**	**26804953**	**273964**	**62370**	**16959702**
北京中关村	Beijing Zhongguancun	3221028	72928	4434	2645888
天津滨海	Tianjin Binhai	242310	1155	375	177132
石家庄	Shijiazhuang	230672	696	24	176549
唐　山	Tangshan	38106	242	62	25785
保　定	Baoding	141987	343	144	89943
承　德	Chengde	20373	44	2	14024
燕　郊	Yanjiao	29068	113	98	14619
太　原	Taiyuan	144292	445	16	98945
长　治	Changzhi	45220	28	15	23489
呼和浩特	Hohhot	21690	69	2	15180
包　头	Baotou	118474	254	67	75886
鄂尔多斯	Erdos	11324	27	11	5892
沈　阳	Shenyang	177016	1865	299	146460
大　连	Dalian	280081	5380	816	202597
鞍　山	Anshan	51703	400	92	31732
本　溪	Benxi	9799	14	4	5266
锦　州	Jinzhou	26318	105	42	12827
营　口	Yingkou	22198	29	13	9310
阜　新	Fuxin	25051	86	43	13162
辽　阳	Liaoyang	20726	6		10419
长　春	Changchun	138232	711	314	105497
长春净月	Changchun Jingyue	37504	162	5	26494
吉　林	Jilin	53863	310	98	43307
通　化	Tonghua	13799	50	32	6771
延　吉	Yanji	8614	26	46	4633
哈尔滨	Harbin	95729	399	9	67257
齐齐哈尔	Qiqihar	29130	17	1	14416
大　庆	Daqing	58610	20	12	34310
上海张江	Shanghai Zhangjiang	1941340	52773	7841	1527390
上海紫竹	Shanghai Zizhu	48555	1440	595	44029
南　京	Nanjing	737348	7935	1849	572427
无　锡	Wuxi	308647	2210	1271	165862
江　阴	Jiangyin	116422	687	331	53540
徐　州	Xuzhou	86282	550	426	58379
常　州	Changzhou	248146	1201	700	123780
武　进	Wujin	145137	788	343	77412
苏　州	Suzhou	229701	1932	1744	133914
昆　山	Kunshan	216282	744	690	94099
苏州工	Suzhou Industrial Park	332694	14427	6248	271419
常　熟	Changshu	92071	342	541	35358
南　通	Nantong	117386	883	144	65518
连云港	Lianyungang	57493	185	26	40949
淮　安	Huai'an	69245	55	101	27669
盐　城	Yancheng	102290	293	219	46971

1-5 续表 1 continued

单位：人 (person)

地　区	Region	年末从业人员 Year End Number of Employees	留学归国人员 Returned Overseas Scholars	外籍常驻人员 Foreign Personnel in Residence	大专以上 College and Higher Level
扬　州	Yangzhou	47668	543	102	31012
镇　江	ZhenJiang	66913	117	35	32456
泰　州	Taizhou	104858	125	70	38990
宿　迁	Suqian	53038	242	67	28236
杭　州	Hangzhou	474474	7458	611	416596
萧山临江	Xiaoshan Linjiang	205280	945	389	106349
宁　波	Ningbo	395871	4219	1086	232951
温　州	Wenzhou	205470	721	230	74744
嘉　兴	Jiaxing	79854	187	207	31430
莫干山	Moganshan	66444	239	443	26751
绍　兴	Shaoxing	95185	244	150	46988
衢　州	Quzhou	129427	68	169	38081
合　肥	Hefei	342510	1908	246	248532
芜　湖	Wuhu	101837	194	52	51978
蚌　埠	Bengbu	49622	81	6	28530
淮　南	Huainan	23832	24	4	13960
马鞍山慈湖	Ma'anshan Cihu	45883	85	29	24527
铜陵狮子山	Tongling Shizishan	16243	6	4	7990
安　庆	Anqing	33957	60	20	15323
滁　州	Chuzhou	46887	21	5	15333
福　州	Fuzhou	151624	667	93	108224
厦　门	Xiamen	281804	1625	977	160586
莆　田	Putian	91688	205	628	25348
三　明	Sanming	21058	16	28	8078
泉　州	Quanzhou	119801	200	164	32968
漳　州	Zhangzhou	80675	43	66	19189
龙　岩	Longyan	22686	31	3	6524
南　昌	Nanchang	178851	2166	328	109123
景德镇	Jingdezhen	57646	316	76	22373
九江共青城	Jiujiang Gongqing City	27414	38	34	10439
新　余	Xinyu	71546	359	183	28254
鹰　潭	Yingtan	26459	244	107	15180
赣　州	Ganzhou	54111	111	58	23779
吉　安	Ji'an	46761	96	413	19655
宜春丰城	Yichun Fengcheng	28706	10	15	8255
抚　州	Fuzhou	44284	127	62	19811
济　南	Jinan	264298	1615	171	207342
青　岛	Qingdao	258939	2111	296	192720
淄　博	Zibo	175770	361	68	92982
枣　庄	Zaozhuang	27091	100	51	14865
黄河三角洲	Huanghe Delta	4859	3		1978
烟　台	Yantai	54496	540	102	29815
潍　坊	Weifang	252854	652	348	121026
济　宁	Jining	149717	178	68	67858
泰　安	Tai'an	58973	73	20	33988

1-5 续表 2 continued

单位：人 (person)

地区	Region	年末从业人员 Year End Number of Employees	留学归国人员 Returned Overseas Scholars	外籍常驻人员 Foreign Personnel in Residence	大专以上 College and Higher Level
威海	Weihai	145235	634	204	61638
莱芜	Laiwu	42082	24	35	19883
临沂	Linyi	67423	173	83	41557
德州	Dezhou	21445	16	25	6476
郑州	Zhengzhou	282046	2715	673	199743
洛阳	Luoyang	197898	544	8	100224
平顶山	Pingdingshan	33434	201	47	22962
安阳	Anyang	88182	324	147	47723
新乡	Xinxiang	65455	136	74	42386
焦作	Jiaozuo	41590	341	7	21058
许昌	Xuchang	5522	4	1	3661
南阳	Nanyang	96985	1072	367	50638
信阳	Xinyang	19905	1	10	7689
武汉	Wuhan	621330	8032	4670	505372
黄石大冶湖	Huangshi Dayehu	77512	212	103	34259
宜昌	Yichang	171480	273	147	87387
襄阳	Xiangyang	187608	609	2138	78270
荆门	Jingmen	113662	697	237	46222
孝感	Xiaogan	124690	303	196	59382
荆州	Jingzhou	62402	151	45	21540
黄冈	Huanggang	110909	204	163	47923
咸宁	Xianning	83413	298	42	44565
随州	Suizhou	50716	138	10	23287
仙桃	Xiantao	75876	147	129	19960
潜江	Qianjiang	43690	164	63	20758
长沙	Changsha	406221	2730	193	292109
宁乡	Ningxiang	28823	27	4	11487
株洲	Zhuzhou	186659	729	106	124591
湘潭	Xiangtan	100666	407	87	55778
衡阳	Hengyang	57287	184	49	30458
常德	Changde	56690	19	2	17165
益阳	Yiyang	61629	679	311	30764
郴州	Chenzhou	24813	303	174	12566
怀化	Huaihua	13990	17	9	7225
广州	Guangzhou	772401	6736	1980	512188
深圳	Shenzhen	1374717	18755	2375	918210
珠海	Zhuhai	299844	1162	499	125694
汕头	Shantou	26961	116	11	9558
佛山	Foshan	354289	3689	2780	175564
江门	Jiangmen	129373	425	248	43857
湛江	Zhanjiang	34287	34	5	18939
茂名	Maoming	29186	31	10	12700
肇庆	Zhaoqing	72485	672	346	27707
惠州	Huizhou	258473	1079	815	86166
源城	Yuancheng	55349	94	152	21629

1-5 续表 3 continued

单位：人 (person)

地区	Region	年末从业人员 Year End Number of Employees	留学归国人员 Returned Overseas Scholars	外籍常驻人员 Foreign Personnel in Residence	大专以上 College and Higher Level
清远	Qingyuan	65398	99	73	20084
东莞	Dongguan	162755	1262	144	77260
中山	Zhongshan	143317	242	618	47909
南宁	Nanning	192842	505	34	104357
柳州	Liuzhou	136628	277	19	72203
桂林	Guilin	124298	346	153	58749
北海	Beihai	51012	21	53	21535
海口	Haikou	49822	108	22	29543
重庆	Chongqing	299304	557	250	142472
璧山	Bishan	89965	1308	314	46070
荣昌	Rongchang	40759	20	38	12773
永川	Yongchuan	91857	26	58	29738
成都	Chengdu	544602	4901	386	387850
自贡	Zigong	59360	28	44	25156
攀枝花	Panzhihua	48414	112	21	23790
泸州	Luzhou	63468	232	91	29173
德阳	Deyang	52909	47	8	21522
绵阳	Mianyang	125212	135	39	56180
内江	Neijiang	32785	68	73	11938
乐山	Leshan	67720	60	30	23839
贵阳	Guiyang	190913	370	70	118125
遵义	Zunyi	25493	4		10094
安顺	Anshun	29897	7		14653
昆明	Kunming	112904	279	17	69224
玉溪	Yuxi	26805	63	3	17369
楚雄	Chuxiong	15994	50		6274
拉萨	Lhasa	4641	16		2359
西安	Xi'an	649983	4818	1151	526147
宝鸡	Baoji	131820	117	32	71311
杨凌	Yangling	25395	24	21	12606
咸阳	Xianyang	44437	114	67	28021
渭南	Weinan	24139	49	29	15273
榆林	Yulin	43340	42		29007
安康	Ankang	37529	140	38	24714
兰州	Lanzhou	129685	108	4	82020
白银	Baiyin	73901	47	39	35254
青海	Qinghai	11739	19	1	7088
银川	Yinchuan	13407	26	4	6157
石嘴山	Shizuishan	18113	61	47	8961
乌鲁木齐	Urumqi	194522	103	17	119914
克拉玛依	Kelamayi	21218	4		6415
昌吉	Changji	14475	73	124	9091
阿克苏阿拉尔	Aksu Alaer	15932	2		3984
新疆兵团	Xinjiang Corps	32291	30	29	16959

1-6 各国家高新区企业R&D活动与研究开发情况

R&D Activities and Science and Technology Activities of Enterprises in National Hi-tech Zones by Region

地 区	Region	研究开发人员（人）Personnel Engaged in Science and Technology Activities (person)	R&D人员（人）R&D Personnel (person)	R&D人员全时当量（人年）R&D Personnel Full Time Equivalent (man year)	研究开发经费内部支出（千元）Intramural Expenditures on Science and Technology Activities (1000 yuan)	R&D经费内部支出（千元）Intramural Expenditure on R&D (1000 yuan)
合 计	**Total**	**6090743**	**3045104**	**2004789**	**2430042015**	**1170165033**
北京中关村	Beijing Zhongguancun	970774	285288	185901	429634664	134431082
天津滨海	Tianjin Binhai	62252	28217	16286	17491635	8486499
石家庄	Shijiazhuang	37705	19251	14028	16717113	9927982
唐 山	Tangshan	7761	2604	1258	1818585	478281
保 定	Baoding	35885	32287	20459	12524622	10142340
承 德	Chengde	2532	1327	605	405481	226614
燕 郊	Yanjiao	3339	2685	1634	896188	704131
太 原	Taiyuan	32684	7271	4320	10359705	2670111
长 治	Changzhi	7165	802	600	1991255	121630
呼和浩特	Hohhot	3481	1360	547	2455209	1082556
包 头	Baotou	21688	17208	11423	11201442	7950209
鄂尔多斯	Erdos	2605	2338	1428	837847	656377
沈 阳	Shenyang	44212	26203	17842	14117014	6753366
大 连	Dalian	61551	28087	17617	17247149	8163688
鞍 山	Anshan	10548	7901	3897	4756205	3148044
本 溪	Benxi	1922	618	418	256285	79362
锦 州	Jinzhou	3382	2524	1564	1320331	1039086
营 口	Yingkou	3315	2378	1601	1645855	972992
阜 新	Fuxin	3236	3191	2308	1112384	970706
辽 阳	Liaoyang	1971	1536	1257	371035	268952
长 春	Changchun	29972	6135	4626	15984061	3746195
长春净月	Changchun Jingyue	8539	580	443	1370894	120230
吉 林	Jilin	9983	6606	5426	2078279	1202216
通 化	Tonghua	2127	1482	1088	515925	382941
延 吉	Yanji	492	39	31	105588	3363
哈尔滨	Harbin	18769	9739	5958	4771415	1746316
齐齐哈尔	Qiqihar	3674	847	397	1189322	104987
大 庆	Daqing	6126	1623	915	1231744	355464
上海张江	Shanghai Zhangjiang	624857	144482	99749	312894581	78690529
上海紫竹	Shanghai Zizhu	17583	2372	1310	9397904	1084288
南 京	Nanjing	228127	124001	84763	74714594	38167219
无 锡	Wuxi	54896	37994	24955	21618436	12568461
江 阴	Jiangyin	20788	19568	14384	10100485	8064308
徐 州	Xuzhou	17365	13483	10594	8350694	5717354
常 州	Changzhou	36317	26728	19818	14844318	9550242
武 进	Wujin	23968	23731	17697	9118851	7168585
苏 州	Suzhou	50808	46261	34280	18104323	13777328
昆 山	Kunshan	31229	29382	21829	11042771	8648794
苏州工	Suzhou Industrial Park	108784	106402	83078	49670899	40912998
常 熟	Changshu	12843	11227	7702	5580075	4328456
南 通	Nantong	12348	10057	7982	6837446	3262381
连云港	Lianyungang	10881	8755	6049	10053538	8049988
淮 安	Huai'an	11595	8269	5458	4105791	2686053
盐 城	Yancheng	9280	6274	4496	2456986	1737847

1-6 续表 1 continued

地　区	Region	研究开发人员（人）Personnel Engaged in Science and Technology Activities (person)	R&D人员（人）R&D Personnel (person)	R&D人员全时当量（人年）R&D Personnel Full Time Equivalent (man year)	研究开发经费内部支出（千元）Intramural Expenditures on Science and Technology Activities (1000 yuan)	R&D经费内部支出（千元）Intramural Expenditure on R&D (1000 yuan)
扬　州	Yangzhou	10183	8746	6451	3241266	2523863
镇　江	ZhenJiang	11568	6433	4288	4237354	2485035
泰　州	Taizhou	12661	6856	4005	4480930	2229697
宿　迁	Suqian	5379	5296	4205	1763769	1508358
杭　州	Hangzhou	190532	104792	80605	81771636	50356627
萧山临江	Xiaoshan Linjiang	40131	23522	13333	15218436	8957434
宁　波	Ningbo	99046	69080	41354	29987713	20114632
温　州	Wenzhou	36497	19794	11187	8962208	4373794
嘉　兴	Jiaxing	14361	11996	5740	5045857	3862040
莫干山	Moganshan	11120	7495	4138	3557247	1926035
绍　兴	Shaoxing	15519	15063	9084	10242577	5236432
衢　州	Quzhou	23551	13107	6011	7831523	4047835
合　肥	Hefei	98053	29959	18762	37611301	15735075
芜　湖	Wuhu	22788	8742	5496	8480213	2433058
蚌　埠	Bengbu	5971	1479	875	2936792	323593
淮　南	Huainan	3178	2594	1577	818900	553158
马鞍山慈湖	Ma'anshan Cihu	7835	6804	4282	5772194	4960675
铜陵狮子山	Tongling Shizishan	2578	969	425	2129600	498240
安　庆	Anqing	6887	4889	3389	1709677	1078830
滁　州	Chuzhou	5678	5248	3784	2151356	1663716
福　州	Fuzhou	47077	27880	19246	12130936	7216672
厦　门	Xiamen	67962	62328	35955	17227182	13354285
莆　田	Putian	7279	7133	5156	1947555	1409062
三　明	Sanming	1760	853	604	630782	267900
泉　州	Quanzhou	16843	8623	6034	3970017	1610932
漳　州	Zhangzhou	9330	4108	2517	2306357	800704
龙　岩	Longyan	3167	1567	1047	807660	307917
南　昌	Nanchang	32971	20334	11715	15539498	9678495
景德镇	Jingdezhen	9295	2915	1523	3419085	711658
九江共青城	Jiujiang Gongqing City	1809	992	536	607489	344033
新　余	Xinyu	7576	1770	1109	2947736	606956
鹰　潭	Yingtan	5141	4649	2815	2367343	2080291
赣　州	Ganzhou	8257	7348	3849	2695974	1884783
吉　安	Ji'an	7166	4031	1713	1753793	950946
宜春丰城	Yichun Fengcheng	3578	1821	1074	1499803	731800
抚　州	Fuzhou	5206	3580	2878	1893713	1250090
济　南	Jinan	65978	29217	16034	21241689	10011394
青　岛	Qingdao	71047	47399	31270	25682886	16768119
淄　博	Zibo	28647	24379	14778	10017187	8006189
枣　庄	Zaozhuang	3076	1593	970	1275308	336516
黄河三角洲	Huanghe Delta	808	460	319	821533	602699
烟　台	Yantai	10636	4124	2294	3886491	1577764
潍　坊	Weifang	43696	18362	12754	19308396	6223114
济　宁	Jining	16479	6519	4440	4949289	2280293
泰　安	Tai'an	10321	7060	4288	3446254	2183546

1-6 续表 2 continued

地 区	Region	研究开发人员（人） Personnel Engaged in Science and Technology Activities (person)	R&D人员（人） R&D Personnel (person)	R&D人员全时当量（人年） R&D Personnel Full Time Equivalent (man year)	研究开发经费内部支出（千元） Intramural Expenditures on Science and Technology Activities (1000 yuan)	R&D经费内部支出（千元） Intramural Expenditure on R&D (1000 yuan)
威 海	Weihai	18308	6777	3447	5168619	2093097
莱 芜	Laiwu	7259	3045	1551	3352816	2216628
临 沂	Linyi	8784	6853	4945	4752597	3616803
德 州	Dezhou	2663	992	491	901553	257355
郑 州	Zhengzhou	67421	22618	15565	18980322	6664795
洛 阳	Luoyang	41225	21332	16829	15933882	8339600
平 顶 山	Pingdingshan	6318	2790	1820	2584465	1113607
安 阳	Anyang	10654	7974	5066	3377192	2023607
新 乡	Xinxiang	9529	5999	3705	3204966	1963801
焦 作	Jiaozuo	5873	4821	3106	2383546	1583111
许 昌	Xuchang	1282	410	350	299832	63597
南 阳	Nanyang	15460	12497	8497	5052377	3600911
信 阳	Xinyang	1947	626	361	462564	156515
武 汉	Wuhan	184129	133094	97230	68454119	48855618
黄石大冶湖	Huangshi Dayehu	9714	7957	5442	3039886	2336223
宜 昌	Yichang	27301	10010	7408	12941895	4617114
襄 阳	Xiangyang	25193	10259	6394	9111174	3829811
荆 门	Jingmen	18633	9642	6652	6703932	3189474
孝 感	Xiaogan	13711	4827	2691	5470681	1441483
荆 州	Jingzhou	7333	2314	1727	2448831	634778
黄 冈	Huanggang	16293	4666	3168	4589409	1204878
咸 宁	Xianning	12238	3865	2422	6258388	1825141
随 州	Suizhou	5841	1882	1138	2407194	800161
仙 桃	Xiantao	6734	3143	2923	1856633	673022
潜 江	Qianjiang	4471	2208	1468	1961081	1163075
长 沙	Changsha	97245	91583	51995	28917701	23545206
宁 乡	Ningxiang	5246	2798	2015	2662012	1569046
株 洲	Zhuzhou	38362	16106	10655	15493177	4916587
湘 潭	Xiangtan	15147	9238	5197	6567387	4075389
衡 阳	Hengyang	9557	4412	2310	3291716	1959183
常 德	Changde	6411	5016	3061	2714456	1654917
益 阳	Yiyang	8947	5350	4241	4413650	2420188
郴 州	Chenzhou	3625	2660	1732	1429662	900436
怀 化	Huaihua	2528	1246	697	741201	419289
广 州	Guangzhou	195630	125770	69529	73002935	43485181
深 圳	Shenzhen	426092	199178	136653	217988286	117404601
珠 海	Zhuhai	71101	53092	29275	24547783	16137976
汕 头	Shantou	5297	3520	1706	1085600	590897
佛 山	Foshan	69174	60106	34293	23198031	16747959
江 门	Jiangmen	20709	18754	10056	5688387	4565780
湛 江	Zhanjiang	4810	2309	957	6168315	4714431
茂 名	Maoming	4999	4144	1790	1886781	1322168
肇 庆	Zhaoqing	10624	9382	4260	4860861	4134334
惠 州	Huizhou	38344	24630	14653	11990043	6915042
源 城	Yuancheng	4641	3243	2235	804769	452964

1-6 续表 3 continued

地　区	Region	研究开发人员（人）Personnel Engaged in Science and Technology Activities (person)	R&D人员（人）R&D Personnel (person)	R&D人员全时当量（人年）R&D Personnel Full Time Equivalent (man year)	研究开发经费内部支出（千元）Intramural Expenditures on Science and Technology Activities (1000 yuan)	R&D经费内部支出（千元）Intramural Expenditure on R&D (1000 yuan)
清　远	Qingyuan	8914	3259	1730	2525821	907504
东　莞	Dongguan	37322	17148	14447	20107724	13836252
中　山	Zhongshan	18999	11895	5964	7256263	3844536
南　宁	Nanning	32681	8297	3329	8221305	2947182
柳　州	Liuzhou	22877	4647	2245	8091088	1599183
桂　林	Guilin	15912	5520	2665	3130618	1054661
北　海	Beihai	4411	1851	1383	2553235	1071491
海　口	Haikou	7704	3945	1536	2553045	1359107
重　庆	Chongqing	58630	26603	15528	18251360	7765574
璧　山	Bishan	11359	10684	6676	3413062	2609307
荣　昌	Rongchang	4315	3307	1845	930551	626791
永　川	Yongchuan	8857	7916	5336	3342588	2706696
成　都	Chengdu	139676	57124	42109	48425000	22115436
自　贡	Zigong	6251	2938	1824	1871057	688120
攀 枝 花	Panzhihua	5647	3025	1924	3048171	1321204
泸　州	Luzhou	6302	4259	2650	2120758	1366904
德　阳	Deyang	4813	3380	1957	1374925	952250
绵　阳	Mianyang	20717	13292	9752	7245491	4401304
内　江	Neijiang	3870	3338	2073	1028428	801442
乐　山	Leshan	5762	3219	1706	3461574	2166299
贵　阳	Guiyang	27996	12457	6984	8302861	3998180
遵　义	Zunyi	4314	3418	1672	1510289	1044615
安　顺	Anshun	4362	2245	1720	1009998	508618
昆　明	Kunming	16140	7205	3454	5841797	3600900
玉　溪	Yuxi	3370	2006	825	1706604	870045
楚　雄	Chuxiong	1706	621	274	1065394	434369
拉　萨	Lhasa	1149	162	153	353348	15044
西　安	Xi'an	177949	81983	68249	59932461	34222854
宝　鸡	Baoji	19783	13649	9251	5760398	3723865
杨　凌	Yangling	2761	247	121	839719	33617
咸　阳	Xianyang	7466	3107	1836	2790542	940937
渭　南	Weinan	3895	1655	1177	1452629	342679
榆　林	Yulin	2901	1969	1358	1384551	1128034
安　康	Ankang	2148	435	317	1553741	386908
兰　州	Lanzhou	14026	2227	1310	3969302	904795
白　银	Baiyin	6236	1966	1168	1707419	579894
青　海	Qinghai	1776	820	554	217224	81298
银　川	Yinchuan	1707	777	320	453237	216380
石 嘴 山	Shizuishan	2296	1799	818	790606	447637
乌鲁木齐	Urumqi	9574	1495	819	2514097	590562
克拉玛依	Kelamayi	1827	135	74	337214	30768
昌　吉	Changji	1503	536	249	933886	360128
阿克苏阿拉尔	Aksu Alaer	1018	458	219	316899	75083
新疆兵团	Xinjiang Corps	5038	3925	1547	3571604	2875973

1-7 高新区企业主要经济指标(按登记注册类型分类)

Main Economic Indicators of Enterprises in National Hi-tech Zones by Registration Category

企业登记注册类型 Registration Category	入统企业数(个) Number of Enterprises to Collect Data (unit)	高新技术企业数(个) Number of Hi-tech Enterprises (unit)	年末从业人员(人) Year End Number of Employees (person)	营业收入(千元) Operating Revenue (1000 yuan)	工业总产值(千元) Gross Industrial Output Value (1000 yuan)
合　计 Total	**223573**	**156763**	**26804953**	**55014940375**	**31925945666**
#国有企业 State-owned Enterprises	4067	2412	2085294	5684907487	2518412133
集体企业 Collective-owned Enterprises	181	55	83816	281309539	190295145
股份合作企业 Cooperative Enterprises	360	207	24958	50658949	35751748
联营企业 Joint Ownership Enterprises	193	132	21306	46961192	41355329
有限责任公司 Limited Liability Corporations	72868	51406	8665790	19042351997	9488989809
股份有限公司 Share-holding Corporations Ltd.	10941	8509	3866462	8264548540	5299695607
私营企业 Private Enterprises	119140	86172	6887874	8964315417	5911292605
港澳台投资企业 Enterprises with Funds from HongKong, Macao and Taiwan	5868	3276	2294305	5957394921	2959201603
外商投资企业 Foreign Funded Enterprises	8693	3804	2728212	6505275157	5317103904

1-7 续表 continued

单位：千元 (1000 yuan)

企业登记注册类型 Registration Category	净利润 Net Profit	上缴税费 Taxes Submitted	出口总额 Export	年末资产 Year End Assets	年末负债 Year End Liabilities
合　计 Total	**3992505692**	**2378919552**	**5821610205**	**103880900407**	**59488572294**
#国有企业 State-owned Enterprises	327449647	321128492	165007439	14655210627	8968181651
集体企业 Collective-owned Enterprises	21254823	10676346	43209629	539536241	338520781
股份合作企业 Cooperative Enterprises	3084399	1641131	2484103	161072834	57311263
联营企业 Joint Ownership Enterprises	3338714	1872315	1643321	50805353	23921887
有限责任公司 Limited Liability Corporations	1075830270	704842857	1298086623	34095291857	20695819971
股份有限公司 Share-holding Corporations Ltd.	878275745	379919789	827184725	25364351936	13756727663
私营企业 Private Enterprises	440258219	307065207	629490446	11665508607	6695716347
港澳台投资企业 Enterprises with Funds from HongKong, Macao and Taiwan	716884981	303255609	1080143826	9211638577	4895132947
外商投资企业 Foreign Funded Enterprises	512498013	341683063	1738068167	7872023359	3892613942

1-8 高新区企业收入情况(按登记注册类型分类)

Revenue Statistics of Enterprises in National Hi-tech Zones by Registration Category

单位：千元 (1000 yuan)

企业登记注册类型 Registration Category	营业收入 Operating Revenue	技术收入 Technical Income	产品销售收入 Product Sales Income	商品销售收入 Commodity Sales Income
合　计 Total	**55014940375**	**8142541817**	**37641005343**	**4558267957**
#国有企业 State-owned Enterprises	5684907487	872017826	3975262200	380991632
集体企业 Collective-owned Enterprises	281309539	20515126	241219474	2709709
股份合作企业 Cooperative Enterprises	50658949	3409338	36221150	2823357
联营企业 Joint Ownership Enterprises	46961192	2774357	42212670	994644
有限责任公司 Limited Liability Corporations	19042351997	3370745383	11624892908	1743945918
股份有限公司 Share-holding Corporations Ltd.	8264548540	752737313	6277836843	710258578
私营企业 Private Enterprises	8964315417	1145915280	6659027621	409895070
港澳台投资企业 Enterprises with Funds from HongKong, Macao and Taiwan	5957394921	1577772933	3016643597	1029000041
外商投资企业 Foreign Funded Enterprises	6505275157	365038778	5600968899	272844193

1-9 高新区企业人员情况(按登记注册类型分类)

Personnel of Statistics Enterprises in National Hi-tech Zones by Registration Category

单位：人 (person)

企业登记注册类型 Registration Category	年末从业人员 Year End Number of Employees	留学归国人员 Returned Overseas Scholars	外籍常驻人员 Foreign Personnel in Residence	大专以上 College and Higher Level
合　计 Total	**26804953**	**273964**	**62370**	**16959702**
#国有企业 State-owned Enterprises	2085294	19564	1269	1518530
集体企业 Collective-owned Enterprises	83816	776	99	56149
股份合作企业 Cooperative Enterprises	24958	128	47	12765
联营企业 Joint Ownership Enterprises	21306	144	10	14112
有限责任公司 Limited Liability Corporations	8665790	87935	12204	5773272
股份有限公司 Share-holding Corporations Ltd.	3866462	42708	9731	2650440
私营企业 Private Enterprises	6887874	45471	8903	3980773
港澳台投资企业 Enterprises with Funds from HongKong, Macao and Taiwan	2294305	36889	7434	1300975
外商投资企业 Foreign Funded Enterprises	2728212	38878	22239	1565589

1-10 高新区企业主要经济指标(按企业划型标准分类)

Main Economic Indicators of Enterprises in National Hi-tech Zones by the Enterprise Scale

企业规模 Enterprise Scale	入统企业数(个) Number of Enterprises to Collect Data (unit)	高新技术企业数(个) Number of Hi-tech Enterprises (unit)	年末从业人员(人) Year End Number of Employees (person)	营业收入(千元) Operating Revenue (1000 yuan)	工业总产值(千元) Gross Industrial Output Value (1000 yuan)
合　计 Total	**223573**	**156763**	**26804953**	**55014940375**	**31925945666**
大型企业 Large Enterprises	6315	4439	12474790	32561403006	17685489712
中型企业 Medium Enterprises	24912	16330	7211409	15936180472	9620590018
小型企业 Small Enterprises	124421	89765	6588177	6247791183	4481825050
微型企业 Micro Enterprises	67925	46229	530577	269565713	138040885

1-10 续表 continued

单位：千元 (1000 yuan)

企业规模 Enterprise Scale	净利润 Net Profit	上缴税费 Taxes Submitted	出口总额 Export	年末资产 Year End Assets	年末负债 Year End Liabilities
合　计 Total	**3992505692**	**2378919552**	**5821610205**	**103880900407**	**59488572294**
大型企业 Large Enterprises	2693601091	1535227858	3958058436	59355707100	35709477369
中型企业 Medium Enterprises	1052911562	566148084	1380680392	30438724340	16493028298
小型企业 Small Enterprises	248188923	264513190	474038955	12368908533	6349609036
微型企业 Micro Enterprises	-2195884	13030420	8832422	1717560434	936457591

1-11 高新区企业收入情况(按企业划型标准分类)

Revenue Statistics of Enterprises in National Hi-tech Zones by the Enterprise Scale

单位：千元 (1000 yuan)

企业规模 Enterprise Scale	营业收入 Operating Revenue	技术收入 Technical Income	产品销售收入 Product Sales Income	商品销售收入 Commodity Sales Income
合 计 **Total**	**55014940375**	**8142541817**	**37641005343**	**4558267957**
大型企业 Large Enterprises	32561403006	5364376024	21539099404	2735173205
中型企业 Medium Enterprises	15936180472	2014765417	11095940889	1513494538
小型企业 Small Enterprises	6247791183	709974800	4844811600	291339520
微型企业 Micro Enterprises	269565713	53425575	161153450	18260695

1-12 高新区企业人员情况(按企业划型标准分类)

Personnel Statistics of Enterprises in National Hi-tech Zones by the Enterprise Scale

单位：人 (person)

企业规模 Enterprise Scale	年末从业人员 Year End Number of Employees	留学归国人员 Returned Overseas Scholars	外籍常驻人员 Foreign Personnel in Residence	大专以上 College and Higher Level
合 计 **Total**	**26804953**	**273964**	**62370**	**16959702**
大型企业 Large Enterprises	12474790	160877	30867	8430848
中型企业 Medium Enterprises	7211409	62904	14729	4325378
小型企业 Small Enterprises	6588177	43734	15062	3811316
微型企业 Micro Enterprises	530577	6449	1712	392160

1-13 高新区高技术产业制造业企业主要经济指标(按行业类别分类)

Main Indicators of Enterprises in Hi-tech Manufacture Fields in National Hi-tech Zones by Industry Field

行业类别 Industry Field	入统企业数 (个) Number of Enterprises to Collect Data (unit)	高新技术企业数 (个) Number of Hi-tech Enterprises (unit)	年末从业人员 (人) Year End Number of Employees (person)	营业收入 (千元) Operating Revenue (1000 yuan)	工业总产值 (千元) Gross Industrial Output Value (1000 yuan)
合 计 **Total**	**28352**	**21875**	**6080176**	**11122278787**	**10557111598**
医药制造业 Manufacture of Medicines	3613	2674	889603	1185128664	1208653859
航空、航天器及设备制造业 Manufacture of Aircrafts and Spacecrafts and Related Equipment	702	604	239040	424700467	388555006
电子及通信设备制造业 Manufacture of Electronic Equipment and Communication Equipment	13067	9983	3578177	7214033579	6853663257
计算机及办公设备制造业 Manufacture of Computers and Office Equipment	1594	1185	511706	1304094237	1177851993
医疗仪器设备及仪器仪表制造业 Manufacture of Medical Equipments and Measuring Instrument	9329	7401	837510	934282868	878691709
信息化学品制造业 Manufacture of Information Chemicals	47	28	24140	60038972	49695774

1-13 续表 continued

单位：千元 (1000 yuan)

行业类别 Industry Field	净利润 Net Profit	上缴税费 Taxes Submitted	出口总额 Export	年末资产 Year End Assets	年末负债 Year End Liabilities
合 计 **Total**	**736780858**	**384464067**	**3313167775**	**17700110666**	**8925874960**
医药制造业 Manufacture of Medicines	151351258	104654806	78847154	2571119811	954606122
航空、航天器及设备制造业 Manufacture of Aircrafts and Spacecrafts and Related Equipment	20602954	13950854	15824346	916164039	542401435
电子及通信设备制造业 Manufacture of Electronic Equipment and Communication Equipment	412673680	186408521	2430892877	11264100954	5993827053
计算机及办公设备制造业 Manufacture of Computers and Office Equipment	44062794	19588971	635991716	1127301995	675400744
医疗仪器设备及仪器仪表制造业 Manufacture of Medical Equipments and Measuring Instrument	98439981	55092603	143756703	1726748111	723973087
信息化学品制造业 Manufacture of Information Chemicals	9650191	4768312	7854978	94675755	35666519

1-14 高新区高技术产业服务业企业主要经济指标(按行业类别分类)

Main Indicators of Enterprises in Hi-tech Service Fields in National Hi-tech Zones by Industry Field

行业类别 Industry Field	入统企业数 (个) Number of Enterprises to Collect Data (unit)	高新技术企业数 (个) Number of Hi-tech Enterprises (unit)	年末从业人员 (人) Year End Number of Employees (person)	营业收入 (千元) Operating Revenue (1000 yuan)
合　计 **Total**	**97152**	**75442**	**6486245**	**9970669695**
信息服务 Information Service	68251	53759	4461403	6729770195
电子商务服务 E-commerce Service	1904	1297	170877	649017048
检验检测服务 Inspection and Testing Service	2859	2308	237794	126776595
专业技术服务业的高技术服务 Hi-tech Service in Professional Technology Service	3413	2360	651225	1328285409
研发与设计服务 R & D and Design Service	8369	6087	525947	641448498
科技成果转化服务 Technology Results Transfer Service	9257	7336	310411	365458930
知识产权及相关法律服务 IPR and Related Legal Service	453	145	28584	15927161
环境监测及治理服务 Environmental Monitoring and Control	2646	2150	100004	113985860

1-14 续表 continued

单位：千元 (1000 yuan)

行业类别 Industry Field	净利润 Net Profit	上缴税费 Taxes Submitted	出口总额 Export	年末资产 Year End Assets	年末负债 Year End Liabilities
合　计 **Total**	**926117727**	**435467776**	**350673869**	**19748608356**	**10890797680**
信息服务 Information Service	753949899	334267416	229487976	11864847213	6190250795
电子商务服务 E-commerce Service	15238874	14059359	6463170	1104052457	893573461
检验检测服务 Inspection and Testing Service	18092682	7089434	1092245	243367768	101329382
专业技术服务业的高技术服务 Hi-tech Service in Professional Technology Service	91598230	38448335	30141904	2976679143	1812201532
研发与设计服务 R & D and Design Service	24664059	22870437	66538983	1840960873	979153515
科技成果转化服务 Technology Results Transfer Service	14869061	13705658	15424500	1305678370	678477131
知识产权及相关法律服务 IPR and Related Legal Service	1193679	879865	477901	27474300	12593500
环境监测及治理服务 Environmental Monitoring and Control	6511244	4147272	1047190	385548234	223218364

第二部分

全国高新技术企业

The Second Part

High Technology Enterprises in China

2-1 全国高新技术企业主要经济指标
Main Economic Indicators of High-tech Enterprises

年 份 Year	入统企业数 （个） Number of Enterprises to Collect Data (unit)	年末从业人员 （万人） Year End Number of Employees (10000 persons)	营业收入① （亿元） Operating Revenue (100 million yuan)	工业总产值 （亿元） Gross Industrial Output Value (100 million yuan)	净利润 （亿元） Net Profit (100 million yuan)	上缴税额 （亿元） Taxes Submitted (100 million yuan)	出口创汇 （亿美元） Export (100 million USD)
1996	12547	214.2	4029.6	3810.8	304.2	222.0	73.5
1997	12794	248.7	5630.4	5301.6	402.4	288.6	101.5
1998	15206	309.4	7624.1	7361.8	464.4	424.2	132.7
1999	17118	364.5	10936.7	10558.8	742.7	792.8	203.0
2000	20867	442.3	15648.7	14757.9	1149.7	904.5	329.2
2001	24153	511.7	19930.4	18767.2	1305.9	1279.6	395.4
2002	28504	601.8	25502.2	23877.0	1509.2	1460.1	569.1
2003	33392	729.5	35332.5	32996.0	2129.7	1925.7	900.9
2004	39490	863.8	48100.5	44615.8	2900.5	2366.1	1515.0
2005	43249	1016.1	59714.1	55780.8	3387.5	2901.2	2050.9
2006	49166	1182.6	76493.0	71840.5	4427.5	3842.3	2646.3
2007	56047	1452.2	104770.5	95911.5	6684.1	4851.4	3683.5
2008	51476	1275.0	105115.2	96546.2	5853.6	5804.8	3563.8
2009	25386	1003.3	86192.6	93319.1	6328.5	4281.5	2492.5
2010	31858	1313.6	129505.2	119022.0	9806.7	6262.1	3594.9
2011	39343	1508.3	156223.1	140338.9	10997.8	7378.7	4520.5
2012	45313	1621.3	167743.9	152235.3	10892.0	8377.7	4608.3
2013	54683	1810.2	193837.4	175106.4	12825.2	9277.4	4915.8
2014	62556	1914.8	217304.8	211335.9	14399.2	10674.8	5068.6
2015	76141	2045.2	222234.1	189757.5	14894.8	11052.1	4768.7
2016	100012	2360.7	261093.9	212268.8	18859.7	13159.1	4694.9
2017	130632	2735.5	318374.1	243898.0	23217.1	15578.3	5600.7
2018	172262	3131.6	389203.7	288706.3	26140.3	18000.8	6801.4
2019	218544	3437.0	450957.7	324137.4	27340.7	17988.0	7114.1
2020	269896	3858.8	520845.0	367111.6	35149.5	18395.3	7919.2
2021	324112	4259.1	650459.2	478589.1	44805.6	22842.5	10718.6
2022	394525	4592.0	720237.8	523083.1	46073.2	25879.6	11488.8
2023	454449	4991.2	765275.0	540963.7	46175.6	27657.3	11075.6

注：①2014年报表制度进一步规范指标及定义，取消了“总收入”的指标，增加了“营业收入”的指标。此列2014年以前所列数据为企业总收入的汇总数据。

2-2 各地区高新技术企业主要经济指标

Main Economic Indicators of High-tech Enterprises by Region

地 区	Region	入统企业数（个）Number of Enterprises to Collect Data (unit)	年末从业人员（人）Year End Number of Employees (person)	营业收入（千元）Operating Revenue (1000 yuan)	工业总产值（千元）Gross Industrial Output Value (1000 yuan)
合 计	**Total**	**454449**	**49911733**	**76527495028**	**54096369689**
东部地区	Eastern Region	293205	33568184	50215628987	34352012173
中部地区	Middle Region	83386	8589880	13174760894	9671960012
西部地区	Western Region	57327	6040836	10559126797	7674892006
东北地区	Northeast Region	20531	1712833	2577978350	2397505498
北 京	Beijing	26481	2883534	6106771155	1012294056
天 津	Tianjin	11409	814000	1540577161	842243986
河 北	Hebei	14007	1628926	3180735929	2592785793
山 西	Shanxi	4126	524915	906661555	619259986
内 蒙 古	Inner Mongolia	1880	481798	1303204385	1145472633
辽 宁	Liaoning	12552	982651	1253418944	1040887741
吉 林	Jilin	3591	427208	901585857	1025301368
黑 龙 江	Heilongjiang	4388	302974	422973549	331316389
上 海	Shanghai	23984	3790265	4847011813	1901939605
江 苏	Jiangsu	51563	5380695	8391726880	7556702085
浙 江	Zhejiang	41709	5362000	7117156169	5573977450
安 徽	Anhui	19200	1930443	2909448731	2319462466
福 建	Fujian	14404	1410776	1548263348	1285154546
江 西	Jiangxi	6102	973258	1534450515	1370952543
山 东	Shandong	33469	3149571	4905298625	3956184289
河 南	Henan	12773	1387512	1914580903	1494147572
湖 北	Hubei	25024	2056606	3492628981	2234574419
湖 南	Hunan	16161	1717146	2416990208	1633563026
广 东	Guangdong	74724	9060052	12429839828	9523345949
广 西	Guangxi	3946	540487	992991989	772546274
海 南	Hainan	1455	88365	148248079	107384414
重 庆	Chongqing	7550	952008	1487700672	1151906520
四 川	Sichuan	16703	1503098	2296278490	1447819912
贵 州	Guizhou	2271	255953	413085996	243126996
云 南	Yunnan	3210	344747	731165317	544847846
西 藏	Xizang	126	21519	30187214	22617546
陕 西	Shaanxi	16685	1180109	1784658333	1216702895
甘 肃	Gansu	2106	247922	369969564	257650125
青 海	Qinghai	279	55405	136675634	81998336
宁 夏	Ningxia	593	108285	200821451	180396642
新 疆	Xinjiang	1978	349505	812387751	609806281

2-2 续表 continued

单位：千元 (1000 yuan)

地 区	Region	净利润 Net Profit	上缴税费 Taxes Submitted	出口总额 Export	年末资产 Year End Assets	年末负债 Year End Liabilities
合 计	**Total**	**4617555752**	**2765727466**	**7804667099**	**120011266874**	**68248067114**
东部地区	Eastern Region	3269921525	1739330528	6277958305	79831402525	44672540820
中部地区	Middle Region	574137461	424011789	945408633	18822822745	11166008756
西部地区	Western Region	625474317	473310410	428406956	16985709261	10015908920
东北地区	Northeast Region	148022449	129074738	152893204	4371332343	2393608618
北 京	Beijing	503109104	232066678	191620668	13483148336	7775286992
天 津	Tianjin	55285428	41646266	94016648	2451496382	1442116449
河 北	Hebei	83086871	85806093	175392963	4291520763	2683815576
山 西	Shanxi	32065247	30672143	27153372	1367157707	858565528
内蒙古	Inner Mongolia	90241610	82636720	32246726	1978782399	1076630575
辽 宁	Liaoning	56010885	53361266	113689647	2091547056	1182484072
吉 林	Jilin	77815494	57494333	24338354	1457633464	692750647
黑龙江	Heilongjiang	14196070	18219139	14865204	822151823	518373899
上 海	Shanghai	263491366	170687540	494011252	8689867068	4659574344
江 苏	Jiangsu	515131279	288248500	1223208676	11972105379	6233259495
浙 江	Zhejiang	590243945	270248108	1051186203	10701530957	5422351742
安 徽	Anhui	118166551	85624274	289847016	4125027110	2399669285
福 建	Fujian	142217771	51915619	325806800	2680078752	1452110507
江 西	Jiangxi	61497747	54666542	184606597	1915126725	1073524270
山 东	Shandong	243498333	165021323	560889604	7147194961	4140132776
河 南	Henan	101345714	67051118	123537421	2832370890	1645383986
湖 北	Hubei	144084657	102217132	185638115	5107126259	3178102495
湖 南	Hunan	116977544	83780580	134626112	3476014054	2010763192
广 东	Guangdong	864883144	426108736	2149762886	18137433563	10708130306
广 西	Guangxi	28347784	27005342	56298337	1389430677	923177491
海 南	Hainan	8974285	7581666	12062605	277026362	155762635
重 庆	Chongqing	51490182	50594031	110088345	2150346185	1249422085
四 川	Sichuan	151455880	93987222	130289314	3655026114	2141914648
贵 州	Guizhou	15901172	13903924	13473591	752389706	443809150
云 南	Yunnan	40828192	25897134	7215197	982233263	557986303
西 藏	Xizang	6179749	2723195	177563	99118569	47462263
陕 西	Shaanxi	127683536	103142400	59517825	3147112252	1873115410
甘 肃	Gansu	12052173	11364166	5621525	730528909	480334968
青 海	Qinghai	21066795	10684625	432375	205345005	99335286
宁 夏	Ningxia	2412587	5036849	5910557	382039551	252775080
新 疆	Xinjiang	77814658	46334802	7135602	1513356632	869945663

2-3　计划单列市高新技术企业主要经济指标
Main Economic Indicators of High-tech Enterprises of the Cities Listed Independently in the State Plan

地　区	Region	入统企业数（个）Number of Enterprises to Collect Data (unit)	年末从业人员（人）Year End Number of Employees (person)	营业收入（千元）Operating Revenue (1000 yuan)	工业总产值（千元）Gross Industrial Output Value (1000 yuan)
合　计	**Total**	**48207**	**5234561**	**7597980270**	**5756925932**
大　连	Dalian	4642	297587	348788980	282345675
宁　波	Ningbo	6956	966511	1190242108	1058505381
厦　门	Xiamen	4178	438526	418597213	325877949
青　岛	Qingdao	8357	568434	899552030	671547549
深　圳	Shenzhen	24074	2963503	4740799939	3418649379

2-3　续表 continued

单位：千元　　(1000 yuan)

地　区	Region	净利润 Net Profit	上缴税费 Taxes Submitted	出口总额 Export	年末资产 Year End Assets	年末负债 Year End Liabilities
合　计	**Total**	**554204975**	**270017681**	**1490993521**	**12047888568**	**6849094867**
大　连	Dalian	16130766	18789004	57597288	623560286	357979874
宁　波	Ningbo	82225558	39013548	231959878	1627401127	850926033
厦　门	Xiamen	32620315	13812382	82584198	676472899	314942923
青　岛	Qingdao	43199238	24076978	139595636	1375764933	824071131
深　圳	Shenzhen	380029098	174325770	979256521	7744689324	4501174906

2-4 副省级城市高新技术企业主要经济指标

Main Economic Indicators of High-tech Enterprises of the Deputy Provincial Level Cities

地　　区	Region	入统企业数（个）Number of Enterprises to Collect Data (unit)	年末从业人员（人）Year End Number of Employees (person)	营业收入（千元）Operating Revenue (1000 yuan)	工业总产值（千元）Gross Industrial Output Value (1000 yuan)
合　　计	**Total**	**96519**	**7459609**	**12323147272**	**6809945285**
沈　　阳	Shenyang	5063	313379	407339799	311790167
长　　春	Changchun	2934	306967	737197415	874996074
哈 尔 滨	Harbin	2823	181222	265303103	185599680
南　　京	Nanjing	9943	754297	1111092892	679082598
杭　　州	Hangzhou	14726	1361312	2245434183	1084687366
济　　南	Jinan	6599	490633	817224687	368363854
武　　汉	Wuhan	15063	948527	1864954856	744219755
广　　州	Guangzhou	13049	1380263	2327367447	1261321561
成　　都	Chengdu	12851	956881	1425432875	641659718
西　　安	Xi'an	13468	766128	1121800017	658224513

2-4 续表 continued

单位：千元 (1000 yuan)

地　　区	Region	净利润 Net Profit	上缴税费 Taxes Submitted	出口总额 Export	年末资产 Year End Assets	年末负债 Year End Liabilities
合　　计	**Total**	**884829315**	**502733997**	**744365578**	**20368842192**	**11579043001**
沈　　阳	Shenyang	23642185	15641762	20241645	731498443	419978884
长　　春	Changchun	71224998	50929403	14209863	1146102917	526720224
哈 尔 滨	Harbin	9728115	11623995	4969225	552100801	360665104
南　　京	Nanjing	69041226	41439864	72975441	1981996602	1120413988
杭　　州	Hangzhou	305308691	114847676	195568602	3948129707	1852026237
济　　南	Jinan	41961476	23082430	38402309	1273891940	777369358
武　　汉	Wuhan	61469555	47332801	85377524	3033253509	1978179058
广　　州	Guangzhou	139153017	94075614	192757676	3361816743	1934957205
成　　都	Chengdu	98255928	61151142	76403196	2362274430	1404030976
西　　安	Xi'an	65044124	42609309	43460097	1977777099	1204701965

2-5 各地区高新技术企业收入情况

Revenue Statistics of High-tech Enterprises by Region

单位：千元 (1000 yuan)

地　　区	Region	营业收入 Operating Revenue	技术收入 Technical Income	产品销售收入 Product Sales Income	商品销售收入 Commodity Sales Income
合　　计	**Total**	**76527495028**	**10442023650**	**61405996251**	**1167452056**
东部地区	Eastern Region	50215628987	7722567940	39077476617	867223328
中部地区	Middle Region	13174760894	1077588402	11506497907	131280669
西部地区	Western Region	10559126797	1432399447	8578277535	145622828
东北地区	Northeast Region	2577978350	209467861	2243744192	23325231
北　　京	Beijing	6106771155	2913418938	1907870399	332490488
天　　津	Tianjin	1540577161	239244002	1204614039	18373518
河　　北	Hebei	3180735929	165378403	2828950268	34601280
山　　西	Shanxi	906661555	37358487	833197563	8602288
内 蒙 古	Inner Mongolia	1303204385	43989385	1220277963	8253289
辽　　宁	Liaoning	1253418944	106688217	1091862914	13263018
吉　　林	Jilin	901585857	63160261	789694672	4701029
黑 龙 江	Heilongjiang	422973549	39619383	362186606	5361184
上　　海	Shanghai	4847011813	1239805875	3306408951	48888400
江　　苏	Jiangsu	8391726880	437904431	7625811507	82290589
浙　　江	Zhejiang	7117156169	790397394	6028967772	95234360
安　　徽	Anhui	2909448731	159537003	2621342694	27241081
福　　建	Fujian	1548263348	99365930	1347332278	17088313
江　　西	Jiangxi	1534450515	35431755	1445928437	10455571
山　　东	Shandong	4905298625	207463321	4409189910	106410151
河　　南	Henan	1914580903	94357056	1730733572	13998655
湖　　北	Hubei	3492628981	471387551	2858122471	38101976
湖　　南	Hunan	2416990208	279516549	2017173170	32881097
广　　东	Guangdong	12429839828	1616090050	10292854329	125325837
广　　西	Guangxi	992991989	102135538	844965172	17432528
海　　南	Hainan	148248079	13499597	125477165	6520392
重　　庆	Chongqing	1487700672	105650607	1296992608	18566177
四　　川	Sichuan	2296278490	519760656	1664099540	34527703
贵　　州	Guizhou	413085996	94796153	295288186	7913168
云　　南	Yunnan	731165317	45559637	659440734	16311379
西　　藏	Xizang	30187214	5209857	23675173	775080
陕　　西	Shaanxi	1784658333	338050197	1328902392	22457635
甘　　肃	Gansu	369969564	44037506	295496778	6867355
青　　海	Qinghai	136675634	38931726	88533742	614930
宁　　夏	Ningxia	200821451	2459418	182179726	2750695
新　　疆	Xinjiang	812387751	91818766	678425521	9152890

2-6 计划单列市高新技术企业收入情况

Revenue Statistics of High-tech Enterprises of the Cities Listed Independently in the State Plan

单位：千元 (1000 yuan)

地区	Region	营业收入 Operating Revenue	技术收入 Technical Income	产品销售收入 Product Sales Income	商品销售收入 Commodity Sales Income
合计	**Total**	**7597980270**	**935791047**	**6278854626**	**88193790**
大连	Dalian	348788980	20597656	316551942	3602875
宁波	Ningbo	1190242108	42477491	1097155784	12697855
厦门	Xiamen	418597213	41989788	351034275	4729756
青岛	Qingdao	899552030	81753595	771311603	13064168
深圳	Shenzhen	4740799939	748972516	3742801023	54099137

2-7 副省级城市高新技术企业收入情况

Revenue Statistics of High-tech Enterprises of the Deputy Provincial Level Cities

单位：千元 (1000 yuan)

地区	Region	营业收入 Operating Revenue	技术收入 Technical Income	产品销售收入 Product Sales Income	商品销售收入 Commodity Sales Income
合计	**Total**	**12323147272**	**2956796845**	**8712122084**	**174498613**
沈阳	Shenyang	407339799	67395582	321733810	4576005
长春	Changchun	737197415	46889245	646717623	3821809
哈尔滨	Harbin	265303103	33719591	218030862	2331848
南京	Nanjing	1111092892	256680091	806600055	15316142
杭州	Hangzhou	2245434183	711862627	1407152322	47212705
济南	Jinan	817224687	72753120	686860205	9910271
武汉	Wuhan	1864954856	407024880	1355236158	24662549
广州	Guangzhou	2327367447	591611686	1645736922	26629166
成都	Chengdu	1425432875	473311853	890876848	23877674
西安	Xi'an	1121800017	295548171	733177280	16160443

2-8 各地区高新技术企业人员情况
Personnel Statistics of High-tech Enterprises by Region

单位：人 (person)

地区	Region	年末从业人员 Year End Number of Employees	留学归国人员 Returned Overseas Scholars	外籍常驻人员 Foreign Personnel in Residence	大专以上 College and Higher Level
合计	**Total**	**49911733**	**255503**	**54650**	**25353909**
东部地区	Eastern Region	33568184	212624	41565	16555747
中部地区	Middle Region	8589880	22697	7937	4337361
西部地区	Western Region	6040836	15489	2683	3482691
东北地区	Northeast Region	1712833	4693	2465	978110
北京	Beijing	2883534	58108	2620	2463294
天津	Tianjin	814000	2933	407	530014
河北	Hebei	1628926	1678	274	760143
山西	Shanxi	524915	806	76	286341
内蒙古	Inner Mongolia	481798	354	88	256351
辽宁	Liaoning	982651	3153	1905	540382
吉林	Jilin	427208	1208	523	264289
黑龙江	Heilongjiang	302974	332	37	173439
上海	Shanghai	3790265	49495	5162	1745524
江苏	Jiangsu	5380695	24920	10374	2747512
浙江	Zhejiang	5362000	20521	6779	2106768
安徽	Anhui	1930443	3177	908	905934
福建	Fujian	1410776	3663	1340	582134
江西	Jiangxi	973258	2153	903	372988
山东	Shandong	3149571	6331	1166	1549809
河南	Henan	1387512	2456	325	704886
湖北	Hubei	2056606	9504	4787	1185164
湖南	Hunan	1717146	4601	938	882048
广东	Guangdong	9060052	44741	13391	4018864
广西	Guangxi	540487	933	165	257974
海南	Hainan	88365	234	52	51685
重庆	Chongqing	952008	3021	780	479915
四川	Sichuan	1503098	6447	750	898446
贵州	Guizhou	255953	505	93	149871
云南	Yunnan	344747	592	50	196938
西藏	Xizang	21519	83	2	16076
陕西	Shaanxi	1180109	3049	472	790031
甘肃	Gansu	247922	191	64	157817
青海	Qinghai	55405	20		33197
宁夏	Ningxia	108285	49	22	49052
新疆	Xinjiang	349505	245	197	197023

2-9 计划单列市高新技术企业人员情况
Personnel Statistics of High-tech Enterprises of the Cities Listed Independently in the State Plan

单位：人 (person)

地 区	Region	年末从业人员 Year End Number of Employees	留学归国人员 Returned Overseas Scholars	外籍常驻人员 Foreign Personnel in Residence	大专以上 College and Higher Level
合 计	**Total**	**5234561**	**37131**	**6568**	**2836214**
大 连	Dalian	297587	1450	285	163682
宁 波	Ningbo	966511	4435	1437	373701
厦 门	Xiamen	438526	1542	730	214448
青 岛	Qingdao	568434	2091	409	315627
深 圳	Shenzhen	2963503	27613	3707	1768756

2-10 副省级城市高新技术企业人员情况
Personnel Statistics of High-tech Enterprises of the Deputy Provincial Level Cities

单位：人 (person)

地 区	Region	年末从业人员 Year End Number of Employees	留学归国人员 Returned Overseas Scholars	外籍常驻人员 Foreign Personnel in Residence	大专以上 College and Higher Level
合 计	**Total**	**7459609**	**48135**	**11567**	**5191572**
沈 阳	Shenyang	313379	1430	100	223027
长 春	Changchun	306967	1159	327	212675
哈尔滨	Harbin	181222	267	15	122331
南 京	Nanjing	754297	6174	910	582827
杭 州	Hangzhou	1361312	12661	1192	876533
济 南	Jinan	490633	1854	174	342279
武 汉	Wuhan	948527	7943	4156	707453
广 州	Guangzhou	1380263	7970	3769	877850
成 都	Chengdu	956881	5885	540	667255
西 安	Xi'an	766128	2792	384	579342

2-11 各地区高新技术企业R&D活动与研究开发情况
R&D Activities and Science and Technology Activities Statistics of High-tech Enterprises by Region

地区	Region	研究开发人员（人）Personnel Engaged in Science and Technology Activities (person)	R&D人员（人）R&D Personnel (person)	R&D人员全时当量（人年）R&D Personnel Full Time Equivalent (man year)	研究开发经费内部支出（千元）Intramural Expenditures on Science and Technology Activities (1000 yuan)	R&D经费内部支出（千元）Intramural Expenditure on R&D (1000 yuan)
合计	**Total**	**11816367**	**5135574**	**3149712**	**4190077572**	**1748096418**
东部地区	Eastern Region	8144846	3624049	2220516	2991459088	1268083627
中部地区	Middle Region	1854090	804766	509658	607530594	250400598
西部地区	Western Region	1412623	554855	325038	475381203	190425734
东北地区	Northeast Region	404808	151904	94500	115706687	39186460
北京	Beijing	1146025	302871	197219	493244408	137578426
天津	Tianjin	226872	117841	67415	70575530	37268415
河北	Hebei	338352	167637	89918	132170428	60627358
山西	Shanxi	121430	35316	22596	42179184	9690610
内蒙古	Inner Mongolia	87931	42225	23592	42403907	18337283
辽宁	Liaoning	231885	96935	59650	59385024	23457729
吉林	Jilin	96267	16998	12273	35963295	6538768
黑龙江	Heilongjiang	76656	37971	22577	20358368	9189962
上海	Shanghai	826384	175597	116803	373448688	88924527
江苏	Jiangsu	1229612	730995	518403	453112798	238246119
浙江	Zhejiang	1203087	575914	334806	384273739	179359732
安徽	Anhui	409596	146742	92792	136238731	45058762
福建	Fujian	318019	175916	115819	87094954	46191115
江西	Jiangxi	183456	95823	51915	62069621	28964511
山东	Shandong	684972	315787	178359	243119855	105346893
河南	Henan	295923	107149	71682	87128401	31375922
湖北	Hubei	478232	216513	149108	166251201	75770601
湖南	Hunan	365453	203223	121566	113663455	59540192
广东	Guangdong	2147716	1052224	597651	746829675	371504364
广西	Guangxi	112833	35117	14650	35160089	11014928
海南	Hainan	23807	9268	4123	7589013	3036679
重庆	Chongqing	208871	93065	53056	70081367	31513210
四川	Sichuan	394837	155264	96163	123371814	48521892
贵州	Guizhou	61774	26272	15497	19997908	9410766
云南	Yunnan	78952	52741	29832	28989851	19048454
西藏	Xizang	4956	850	536	1356281	339299
陕西	Shaanxi	308645	98111	67745	97908651	32249233
甘肃	Gansu	56712	11622	6292	14202186	2565588
青海	Qinghai	11117	3825	2372	4458009	1339243
宁夏	Ningxia	20192	10123	4230	8663598	4129775
新疆	Xinjiang	65803	25640	11072	28787543	11956062

2-12 计划单列市高新技术企业R&D活动与研究开发情况

R&D Activities and Science and Technology Activities Statistics of High-tech Enterprises of the Cities Listed Independently in the State Plan

地 区	Region	研究开发人员（人）Personnel Engaged in Science and Technology Activities (person)	R&D人员（人）R&D Personnel (person)	R&D人员全时当量（人年）R&D Personnel Full Time Equivalent (man year)	研究开发经费内部支出（千元）Intramural Expenditures on Science and Technology Activities (1000 yuan)	R&D经费内部支出（千元）Intramural Expenditure on R&D (1000 yuan)
合 计	**Total**	**1448261**	**689170**	**428016**	**527195268**	**259651572**
大 连	Dalian	75457	32862	17542	17867599	7677432
宁 波	Ningbo	205568	140098	81382	61563360	39634837
厦 门	Xiamen	113537	74076	42697	28454918	15951849
青 岛	Qingdao	145762	65815	39247	48523720	22027790
深 圳	Shenzhen	907937	376319	247148	370785671	174359664

2-13 副省级城市高新技术企业R&D活动与研究开发情况

R&D Activities and Science and Technology Activities Statistics of High-tech Enterprises of the Deputy Provincial Level Cities

地 区	Region	研究开发人员（人）Personnel Engaged in Science and Technology Activities (person)	R&D人员（人）R&D Personnel (person)	R&D人员全时当量（人年）R&D Personnel Full Time Equivalent (man year)	研究开发经费内部支出（千元）Intramural Expenditures on Science and Technology Activities (1000 yuan)	R&D经费内部支出（千元）Intramural Expenditure on R&D (1000 yuan)
合 计	**Total**	**2230845**	**968026**	**616318**	**735988572**	**333433096**
沈 阳	Shenyang	89339	38014	25187	21663053	8951815
长 春	Changchun	74230	11303	8277	29849979	5257137
哈尔滨	Harbin	50867	27307	16336	13892517	6927528
南 京	Nanjing	249500	139636	97037	78945657	42360741
杭 州	Hangzhou	445204	172081	114542	156980659	73202227
济 南	Jinan	137554	53634	29106	44727767	18445567
武 汉	Wuhan	274456	140367	98287	97488657	50260794
广 州	Guangzhou	382965	210507	110497	131069414	71088801
成 都	Chengdu	288304	106665	68296	88192120	33135988
西 安	Xi'an	238426	68512	48753	73178749	23802498

2-14 高新技术企业主要经济指标(按登记注册类型分类)
Main Economic Indicators of High-tech Enterprises by Registration Category

企业登记注册类型 Registration Category	入统企业数(个) Number of Enterprises to Collect Data (unit)	年末从业人员(人) Year End Number of Employees (person)	营业收入(千元) Operating Revenue (1000 yuan)	工业总产值(千元) Gross Industrial Output Value (1000 yuan)
合 计 Total	**454449**	**49911733**	**76527495028**	**54096369689**
#国有企业 State-owned Enterprises	7563	3520280	8406154633	3797199802
集体企业 Collective-owned Enterprises	248	47942	85164725	56797724
股份合作企业 Cooperative Enterprises	638	62066	81835261	76136470
联营企业 Joint Ownership Enterprises	343	48835	97895809	86213083
有限责任公司 Limited Liability Corporations	147073	17117761	26678396302	17352004661
股份有限公司 Share-holding Corporations Ltd.	22671	6842103	11930471236	9455277463
私营企业 Private Enterprises	256323	15958035	17731724954	14616558234
港澳台投资企业 Enterprises with Funds from HongKong, Macao and Taiwan	8735	3344871	6040404289	3895202178
外商投资企业 Foreign Funded Enterprises	8617	2723824	5177547054	4513025534

2-14 续表 continued

单位: 千元 (1000 yuan)

企业登记注册类型 Registration Category	净利润 Net Profit	上缴税费 Taxes Submitted	出口总额 Export	年末资产 Year End Assets	年末负债 Year End Liabilities
合 计 Total	**4617555752**	**2765727466**	**7804667099**	**120011266874**	**68248067114**
#国有企业 State-owned Enterprises	352142675	271112758	244887587	14420373560	9403211550
集体企业 Collective-owned Enterprises	7603589	3314948	5674560	112155312	68088979
股份合作企业 Cooperative Enterprises	2959213	2704452	6178356	110143105	56324394
联营企业 Joint Ownership Enterprises	5681954	5783761	4061470	165983053	114255839
有限责任公司 Limited Liability Corporations	1274310451	880504279	2003310322	38325275385	23884611993
股份有限公司 Share-holding Corporations Ltd.	970147212	459926522	1655044523	26480335721	12573148205
私营企业 Private Enterprises	793329201	575219374	1606347115	22042737802	12801621091
港澳台投资企业 Enterprises with Funds from HongKong, Macao and Taiwan	824792146	330846811	1033056637	10738787612	5512347241
外商投资企业 Foreign Funded Enterprises	364627681	226374738	1205942842	7227007447	3621343096

2-15 高新技术企业收入情况(按登记注册类型分类)

Revenue Statistics of High-tech Enterprises by Registration Category

单位：千元 (1000 yuan)

企业登记注册类型 Registration Category	营业收入 Operating Revenue	技术收入 Technical Income	产品销售收入 Product Sales Income	商品销售收入 Commodity Sales Income
合　计 Total	**76527495028**	**10442023650**	**61405996251**	**1167452056**
#国有企业 State-owned Enterprises	8406154633	1820073510	6151663502	60799607
集体企业 Collective-owned Enterprises	85164725	16154750	63509515	372415
股份合作企业 Cooperative Enterprises	81835261	2998492	75980771	862445
联营企业 Joint Ownership Enterprises	97895809	4078473	89062636	1780395
有限责任公司 Limited Liability Corporations	26678396302	4260841169	20195410441	517959238
股份有限公司 Share-holding Corporations Ltd.	11930471236	874610555	10385338070	149716163
私营企业 Private Enterprises	17731724954	1356166195	15611592272	277124990
港澳台投资企业 Enterprises with Funds from HongKong, Macao and Taiwan	6040404289	1817280275	3922117027	73124720
外商投资企业 Foreign Funded Enterprises	5177547054	260470169	4656453821	82250000

2-16 高新技术企业人员情况(按登记注册类型分类)

Personnel Statistics of High-tech Enterprises by Registration Category

单位：人 (person)

企业登记注册类型 Registration Category	年末从业人员 Year End Number of Employees	留学归国人员 Returned Overseas Scholars	外籍常驻人员 Foreign Personnel in Residence	大专以上 College and Higher Level
合　计 Total	**49911733**	**255503**	**54650**	**25353909**
#国有企业 State-owned Enterprises	3520280	23526	847	2613525
集体企业 Collective-owned Enterprises	47942	57	7	24351
股份合作企业 Cooperative Enterprises	62066	111	18	27298
联营企业 Joint Ownership Enterprises	48835	114	10	27731
有限责任公司 Limited Liability Corporations	17117761	87586	12457	8563436
股份有限公司 Share-holding Corporations Ltd.	6842103	38283	9052	3928219
私营企业 Private Enterprises	15958035	45986	9589	7114894
港澳台投资企业 Enterprises with Funds from HongKong, Macao and Taiwan	3344871	35274	9416	1553524
外商投资企业 Foreign Funded Enterprises	2723824	23160	12871	1370337

2-17　高新技术企业主要经济指标(按企业划型标准分类)

Main Economic Indicators of High-tech Enterprises by the Enterprise Scale

企业规模 Enterprise Scale	入统企业数 (个) Number of Enterprises to Collect Data (unit)	年末从业人员 (人) Year End Number of Employees (person)	营业收入 (千元) Operating Revenue (1000 yuan)	工业总产值 (千元) Gross Industrial Output Value (1000 yuan)
合　计 Total	**454449**	**49911733**	**76527495028**	**54096369689**
大型企业 Large Enterprises	9723	17196477	40312418806	23992230562
中型企业 Medium Enterprises	44867	15170780	22129388190	17700015798
小型企业 Small Enterprises	277308	16414288	13610504873	12016821952
微型企业 Micro Enterprises	122551	1130188	475183158	387301377

2-17　续表 continued

单位：千元　(1000 yuan)

企业规模 Enterprise Scale	净利润 Net Profit	上缴税费 Taxes Submitted	出口总额 Export	年末资产 Year End Assets	年末负债 Year End Liabilities
合　计 Total	**4617555752**	**2765727466**	**7804667099**	**120011266874**	**68248067114**
大型企业 Large Enterprises	2940718667	1436011743	4459772119	65517462620	39243011969
中型企业 Medium Enterprises	1262259059	788192239	2181349920	32973244291	17063219358
小型企业 Small Enterprises	453642764	524798461	1153660459	20296851581	11147694944
微型企业 Micro Enterprises	-39064738	16725023	9884601	1223708383	794140842

2-18 高新技术企业收入情况(按企业划型标准分类)
Revenue Statistics of High-tech Enterprises by the Enterprise Scale

单位: 千元 (1000 yuan)

企业规模 Enterprise Scale	营业收入 Operating Revenue	技术收入 Technical Income	产品销售收入 Product Sales Income	商品销售收入 Commodity Sales Income
合　计 Total	**76527495028**	**10442023650**	**61405996251**	**1167452056**
大型企业 Large Enterprises	40312418806	7576880739	29752222166	530062986
中型企业 Medium Enterprises	22129388190	1809415522	19175920986	375224955
小型企业 Small Enterprises	13610504873	997831535	12084998079	247280907
微型企业 Micro Enterprises	475183158	57895854	392855021	14883208

2-19 高新区企业人员情况(按企业划型标准分类)
Personnel Statistics of Enterprises in National Hi-tech Zones by the Enterprise Scale

单位: 人 (person)

企业规模 Enterprise Scale	年末从业人员 Year End Number of Employees	留学归国人员 Returned Overseas Scholars	外籍常驻人员 Foreign Personnel in Residence	大专以上 College and Higher Level
合　计 Total	**49911733**	**255503**	**54650**	**25353909**
大型企业 Large Enterprises	17196477	147634	24293	10528653
中型企业 Medium Enterprises	15170780	55811	13031	6702230
小型企业 Small Enterprises	16414288	45632	15831	7409608
微型企业 Micro Enterprises	1130188	6426	1495	713418

2-20 高新技术企业中高技术产业制造业企业主要经济指标(按行业类别分类)

Main Indicators of High-tech Enterprises in Hi-tech Manufacture Fields by Industry Field

行业类别 Industry Field	入统企业数(个) Number of Enterprises to Collect Data (unit)	年末从业人员(人) Year End Number of Employees (person)	营业收入(千元) Operating Revenue (1000 yuan)	工业总产值(千元) Gross Industrial Output Value (1000 yuan)
合 计 **Total**	**54383**	**9424141**	**13004078755**	**12771198093**
医药制造业 Manufacture of Medicines	7063	1584874	1758344093	1900806513
航空、航天器及设备制造业 Manufacture of Aircrafts and Spacecrafts and Related Equipment	1388	497995	873962040	769686347
电子及通信设备制造业 Manufacture of Electronic Equipment and Communication Equipment	26805	5570828	8473357469	8278296686
计算机及办公设备制造业 Manufacture of Computers and Office Equipment	3043	462137	732484749	670248639
医疗仪器设备及仪器仪表制造业 Manufacture of Medical Equipments and Measuring Instrument	16006	1297089	1153311599	1140746596
信息化学品制造业 Manufacture of Information Chemicals	78	11218	12618805	11413312

2-20 续表 continued

单位：千元 (1000 yuan)

行业类别 Industry Field	净利润 Net Profit	上缴税费 Taxes Submitted	出口总额 Export	年末资产 Year End Assets	年末负债 Year End Liabilities
合 计 **Total**	**973751378**	**491292941**	**2960250987**	**24140502031**	**11880179111**
医药制造业 Manufacture of Medicines	254771102	146797597	164025546	4115493784	1518470153
航空、航天器及设备制造业 Manufacture of Aircrafts and Spacecrafts and Related Equipment	29990161	26829889	29290614	1951769142	1231699746
电子及通信设备制造业 Manufacture of Electronic Equipment and Communication Equipment	537259693	233311665	2403631161	14955742985	7713902995
计算机及办公设备制造业 Manufacture of Computers and Office Equipment	31058276	16432664	204109651	872770446	490187700
医疗仪器设备及仪器仪表制造业 Manufacture of Medical Equipments and Measuring Instrument	120246138	67459142	156710925	2225257295	916834542
信息化学品制造业 Manufacture of Information Chemicals	426009	461984	2483090	19468380	9083974

2-21 高新技术企业中高技术产业服务业企业主要经济指标(按行业类别分类)

Main Indicators of High-tech Enterprises in Hi-tech Service Fields by Industry Field

行业类别 Industry Field	入统企业数 (个) Number of Enterprises to Collect Data (unit)	年末从业人员 (人) Year End Number of Employees (person)	营业收入 (千元) Operating Revenue (1000 yuan)	主营业务收入 (千元) Revenue from Principal Business (1000 yuan)
合　计 **Total**	**147560**	**8400059**	**10610070182**	**8315477401**
信息服务 Information Service	101187	5271288	6664093788	4975108139
电子商务服务 E-commerce Service	2511	187811	436193443	270999311
检验检测服务 Inspection and Testing Service	5920	459714	230499298	212985759
专业技术服务业的高技术服务 Hi-tech Service in Professional Technology Service	6135	1106815	1740465010	1545419482
研发与设计服务 R & D and Design Service	12175	753329	922804434	799191134
科技成果转化服务 Technology Results Transfer Service	13811	382909	382380052	295024886
知识产权及相关法律服务 IPR and Related Legal Service	305	13623	7062620	5641163
环境监测及治理服务 Environmental Monitoring and Control	5516	224570	226571539	211107527

2-21　续表 continued

单位：千元　　(1000 yuan)

行业类别 Industry Field	净利润 Net Profit	上缴税费 Taxes Submitted	出口总额 Export	年末资产 Year End Assets	年末负债 Year End Liabilities
合　计 **Total**	**1088460903**	**513028610**	**282816391**	**20887798189**	**11347473366**
信息服务 Information Service	910115613	385486170	176250519	13092577397	6741103602
电子商务服务 E-commerce Service	12823094	9215773	4295596	975412365	744608177
检验检测服务 Inspection and Testing Service	28346648	11625940	985971	409684007	167393382
专业技术服务业的高技术服务 Hi-tech Service in Professional Technology Service	85101210	53517412	36586236	2518522178	1553011000
研发与设计服务 R & D and Design Service	38183021	30444204	51485011	2281301020	1265694492
科技成果转化服务 Technology Results Transfer Service	1299117	13440175	12150778	906916164	479374310
知识产权及相关法律服务 IPR and Related Legal Service	423548	444208	111960	12451746	6384136
环境监测及治理服务 Environmental Monitoring and Control	12168653	8854727	950320	690933313	389904267

第三部分

科技企业孵化器

The Third Part

Technology Business Incubators (TBIs)

3-1 全国科技企业孵化器主要经济指标
Main Economic Indicators of TBIs

年 份 Year	统计孵化器数量（个） Number of TBIs with Data (unit)	场地面积（万平方米） Space Area (10000 sq.m)	在孵企业（个） Number of Tenants (unit)	在孵企业总收入（亿元） Total Income of Incubatees (100 million yuan)	在孵企业从业人员数（万人） Number of Employees of Incubatees (10000 persons)	累计毕业企业（个） Accumulated Number of Graduated Tenants (unit)
1995	73	40.2	1854	24.2	2.6	364
1996	80	56.6	2476	36.3	3.8	648
1997	80	77.5	2670	40.8	4.6	825
1998	77	88.4	4138	60.7	6.9	1316
1999	110	188.8	5293	95.8	9.2	1934
2000	164	339.5	8653	207.0	14.4	2790
2001	324	634.7	14270	422.4	28.4	4281
2002	378	632.6	20993	230.5	36.3	6207
2003	431	1358.9	27285	759.3	48.3	8981
2004	464	1515.1	33213	1121.7	55.2	11718
2005	534	1969.9	39491	1625.4	71.7	15815
2006	548	2008.0	41434	1926.7	79.3	19896
2007	614	2269.8	44750	2621.9	93.3	23394
2008	670	2315.5	44346	1866.2	92.8	31764
2009	772	2901.3	50511	2000.8	101.2	32301
2010	896	3043.9	56382	3329.5	117.8	36485
2011	1034	3472.1	60936	3800.6	125.6	39562
2012	1239	4375.8	70217	4147.1	143.7	45160
2013	1464	5379.3	77677	3308.8	158.3	52146
2014	1748	6877.8	78965	3696.4	141.7	61944
2015	2533	8680.0	102170	4810.4	166.2	74853
2016	3255	10732.8	133286	4792.7	212.1	89694
2017	4063	11967.4	177542	6335.7	259.6	110701
2018	4849	13192.9	206024	8343.0	290.2	139396
2019	5206	12927.9	216828	8219.9	294.9	160850
2020	5843	13088.5	233349	10259.6	296.9	188768
2021	6227	13388.3	243635	12442.5	309.6	215969
2022	6659	13563.5	248341	10696.8	305.4	237383
2023	7015	13249.8	258289	10340.2	295.4	266735

注：经审核，2022年部分数据进行了修正，与2023年鉴数据略有出入。

3-2 各地区科技企业孵化器基本情况
General Statistics of TBIs by Region

地　区	Region	统计孵化器数 (个) Number of TBIs with Data (unit)	孵化器总收入 (千元) Total Income of TBIs (1000 yuan)	管理机构从业人员数 (人) Number of Management Personnel (person)	孵化基金总　额 (千元) Total Incubator Fund (1000 yuan)	创业导师人　数 (人) Number of Innovation Mentors (person)	对公共技术服务平台投资额 (千元) Investment into the Public Service Platform (1000 yuan)
合　计	**Total**	**7015**	**59158572**	**81368**	**343017556**	**98463**	**7932500**
东部地区	Eastern Region	4465	42339533	49179	277464052	61189	5430785
中部地区	Middle Region	1255	7810194	15061	29567507	16252	1443848
西部地区	Western Region	922	7360720	12470	30942915	16344	893042
东北地区	Northeast Region	373	1648125	4658	5043082	4678	164824
北　京	Beijing	284	6800789	5202	59538534	8393	594005
天　津	Tianjin	120	675285	1316	2079797	1650	166537
河　北	Hebei	354	1046153	3655	1734474	3828	109161
山　西	Shanxi	68	523794	890	296207	1160	46056
内蒙古	Inner Mongolia	51	303805	793	1468893	1132	32644
辽　宁	Liaoning	104	492213	1433	2118548	1564	51856
吉　林	Jilin	102	671807	1614	1502500	1457	69962
黑龙江	Heilongjiang	167	484104	1611	1422033	1657	43006
上　海	Shanghai	278	3422294	3202	20633754	2859	167784
江　苏	Jiangsu	1231	9482844	12664	42652637	14033	1985236
浙　江	Zhejiang	652	5186109	6313	70401872	8026	821269
安　徽	Anhui	305	1361947	2842	13858066	2697	326514
福　建	Fujian	146	885081	1641	6761926	2069	38677
江　西	Jiangxi	125	1188173	2150	3418091	1751	194137
山　东	Shandong	330	2686501	4301	13796192	5269	536992
河　南	Henan	230	1204105	2955	2362226	3199	264906
湖　北	Hubei	392	2599709	4369	6742907	5584	417831
湖　南	Hunan	135	932465	1855	2890011	1861	194405
广　东	Guangdong	1064	12082932	10771	58000067	14958	991125
广　西	Guangxi	113	481887	1104	515140	1341	58134
海　南	Hainan	6	71545	114	1864800	104	20000
重　庆	Chongqing	191	993290	1978	5303121	2609	133144
四　川	Sichuan	178	1384315	2215	2403471	4237	416114
贵　州	Guizhou	38	648908	711	622050	412	14000
云　南	Yunnan	41	222803	600	466560	1519	9402
西　藏	Xizang	4	10764	57	10000	83	538
陕　西	Shaanxi	144	1852609	2456	17590383	2630	149468
甘　肃	Gansu	73	776538	1195	1000669	876	44342
青　海	Qinghai	18	131876	288	103428	490	4382
宁　夏	Ningxia	32	183534	425	450200	288	6063
新　疆	Xinjiang	26	253081	397	996800	525	20289
新疆兵团	Xinjiang Corps	13	117310	251	12200	202	4523

3-3 各地区科技企业孵化器孵化企业情况
Tenants Statistics of TBIs by Region

单位：个 (unit)

地区	Region	在孵企业数 Number of Tenants	高新技术企业 Hi-tech Enterprises	当年新增在孵企业 New Incubatees	累计毕业企业 Accumulated Number of Graduated Tenants	当年毕业企业 Number of Graduated Tenants of the Year	收入达5千万元企业数 Number of Tenants with Income More than 50 million yuan
合计	**Total**	**258289**	**20467**	**70912**	**266735**	**30032**	**6029**
东部地区	Eastern Region	153163	11343	41927	169968	17579	4287
中部地区	Middle Region	52166	4227	14600	48027	6844	988
西部地区	Western Region	39150	3435	10917	36295	4411	693
东北地区	Northeast Region	13810	1462	3468	12445	1198	61
北京	Beijing	10812	1572	3277	30760	1426	374
天津	Tianjin	5419	528	1457	4032	508	126
河北	Hebei	10668	694	3011	7938	949	80
山西	Shanxi	2832	222	630	2927	370	39
内蒙古	Inner Mongolia	2035	126	517	2472	271	22
辽宁	Liaoning	4942	584	1326	5127	490	14
吉林	Jilin	3796	382	826	3192	343	33
黑龙江	Heilongjiang	5072	496	1316	4126	365	14
上海	Shanghai	9855	571	2791	5482	472	259
江苏	Jiangsu	43160	3173	11727	45416	5255	1736
浙江	Zhejiang	22842	952	6557	22699	2897	511
安徽	Anhui	9692	488	3373	7284	1515	172
福建	Fujian	4095	356	1206	4759	511	104
江西	Jiangxi	4538	223	1142	4771	862	137
山东	Shandong	14003	1439	3463	16429	1600	292
河南	Henan	11477	958	2899	10863	1226	272
湖北	Hubei	16517	1543	4878	14452	1832	220
湖南	Hunan	7110	793	1678	7730	1039	148
广东	Guangdong	31995	2032	8365	32068	3926	801
广西	Guangxi	4212	138	1146	3571	415	67
海南	Hainan	314	26	73	385	35	4
重庆	Chongqing	6389	331	2043	5187	706	59
四川	Sichuan	8970	938	2667	8793	1027	194
贵州	Guizhou	1385	121	344	1176	199	34
云南	Yunnan	2482	129	579	2105	196	22
西藏	Xizang	162	3	43	177	13	
陕西	Shaanxi	6453	1314	1760	6947	880	222
甘肃	Gansu	2474	132	528	2070	254	23
青海	Qinghai	758	41	170	935	71	15
宁夏	Ningxia	1108	27	320	1003	113	9
新疆	Xinjiang	2129	125	653	1146	139	19
新疆兵团	Xinjiang Corps	593	10	147	713	127	7

3-4 各地区科技企业孵化器孵化场地情况
Space Stastistics of TBIs by Region

单位：平方米 (sq.m)

地区	Region	总面积 Total Space Area	办公用房 Space for Office	企业用房 Space for Tenants	服务用房 Space for Service	其他 Others
合　计	**Total**	**132497555**	**7693594**	**94012367**	**16878829**	**13912766**
东部地区	Eastern Region	80204569	4464123	56621080	10240801	8878565
中部地区	Middle Region	25018563	1485182	18032464	3076087	2424831
西部地区	Western Region	20372044	1275000	14655560	2615392	1826092
东北地区	Northeast Region	6902379	469289	4703262	946548	783279
北　京	Beijing	4466148	261999	3030127	779989	394033
天　津	Tianjin	1532773	61852	1186592	192148	92181
河　北	Hebei	5267875	355227	3714718	596567	601364
山　西	Shanxi	1534369	45836	1062236	240721	185576
内蒙古	Inner Mongolia	1355645	91591	977360	187967	98727
辽　宁	Liaoning	1965891	68098	1514233	278449	105110
吉　林	Jilin	3096442	285843	1875198	440480	494920
黑龙江	Heilongjiang	1840046	115348	1313831	227620	183248
上　海	Shanghai	3091720	170658	2339632	352645	228785
江　苏	Jiangsu	26045666	1579438	18487591	3049243	2929394
浙　江	Zhejiang	11691888	492625	8893844	1338915	966504
安　徽	Anhui	4902399	314553	3708834	531791	347220
福　建	Fujian	2797288	172661	1861376	340219	423032
江　西	Jiangxi	4653869	327426	3411012	500548	414882
山　东	Shandong	8159746	414568	5661005	1215835	868338
河　南	Henan	3992481	200885	2919937	530301	341359
湖　北	Hubei	6891921	432264	4657688	888856	913113
湖　南	Hunan	3043525	164217	2272757	383871	222680
广　东	Guangdong	17035990	947738	11358612	2356585	2373054
广　西	Guangxi	1548712	64990	1146555	210115	127053
海　南	Hainan	115474	7356	87583	18655	1880
重　庆	Chongqing	2661698	189434	1933014	356090	183160
四　川	Sichuan	2700043	127978	1960835	402674	208556
贵　州	Guizhou	1994443	165160	1457122	264659	107501
云　南	Yunnan	885886	44908	701112	114645	25221
西　藏	Xizang	81549	11529	28108	10945	30967
陕　西	Shaanxi	3789246	196438	2820812	483236	288760
甘　肃	Gansu	1582890	176883	1005343	222236	178428
青　海	Qinghai	1555403	81810	1130961	90825	251807
宁　夏	Ningxia	839072	37482	633401	103513	64677
新　疆	Xinjiang	851962	60757	587396	139040	64770
新疆兵团	Xinjiang Corps	525496	26041	273542	29450	196464

3-5 各地区科技企业孵化器当年在孵企业情况
Annual Statistics of Incubatees of TBIs by Region

地　区	Region	在孵企业从业人员数（人）Number of Employees of Incubatees (person)	在孵企业总收入（千元）Total Income of Incubatees (1000 yuan)	当年获得投融资企业数（个）Number of Incubatees Obtained Investment and Finance (unit)	当年获风险投资额（千元）Amount of Venture Capital for Incubatees (1000 yuan)	当年获得孵化基金在孵企业数（个）Number of Incubatees Received Incubator Fund (unit)
合　计	**Total**	**2954318**	**1034021514**	**16759**	**107711329**	**10188**
东部地区	Eastern Region	1652650	632888720	10549	87746627	5687
中部地区	Middle Region	682118	199532119	3548	9441430	2859
西部地区	Western Region	471780	165242854	2181	9562616	1342
东北地区	Northeast Region	147770	36357820	481	960655	300
北　京	Beijing	142862	76885207	923	27417429	584
天　津	Tianjin	55991	13872019	524	868929	253
河　北	Hebei	105465	20580274	465	523825	351
山　西	Shanxi	40279	11098832	145	406585	120
内蒙古	Inner Mongolia	25594	11249404	69	264640	8
辽　宁	Liaoning	56250	13187365	188	156183	138
吉　林	Jilin	54835	15830370	216	630568	117
黑龙江	Heilongjiang	36685	7340085	77	173904	45
上　海	Shanghai	82156	34797745	641	12432095	279
江　苏	Jiangsu	496989	199016314	3389	20645806	1713
浙　江	Zhejiang	212927	72424436	1441	6861311	833
安　徽	Anhui	95302	30331061	729	2013327	575
福　建	Fujian	37660	14776201	187	676052	120
江　西	Jiangxi	79060	29036919	368	773362	391
山　东	Shandong	171712	57652117	871	3302791	559
河　南	Henan	167195	40903353	961	1239306	836
湖　北	Hubei	184471	50357536	811	2735377	713
湖　南	Hunan	115811	37804418	534	2273473	224
广　东	Guangdong	341744	132516482	2095	14801905	994
广　西	Guangxi	40730	11959264	187	1428809	141
海　南	Hainan	5144	10367927	13	216484	1
重　庆	Chongqing	66936	19799070	286	697900	153
四　川	Sichuan	115654	37107688	653	3149992	463
贵　州	Guizhou	18827	4746048	93	249876	44
云　南	Yunnan	21175	6227583	84	141071	59
西　藏	Xizang	1722	217439	5	1167	4
陕　西	Shaanxi	106437	43372759	435	3036080	297
甘　肃	Gansu	27111	6591233	145	275831	58
青　海	Qinghai	9731	10939614	37	187106	15
宁　夏	Ningxia	9958	4892855	46	60191	9
新　疆	Xinjiang	22560	6309300	108	59342	40
新疆兵团	Xinjiang Corps	5345	1830598	33	10610	51

3-6 各地区国家级科技企业孵化器基本情况
General Statistics of State Level TBIs by Region

地　区	Region	统计孵化器数量 (个) Number of TBIs with Data (unit)	孵化器总收入 (千元) Total Income of TBIs (1000 yuan)	管理机构从业人员数 (人) Number of Management Personnel (person)	孵化基金总额 (千元) Total Incubator Fund (1000 yuan)	创业导师人数 (人) Number of Innovation Mentors (person)	对公共技术服务平台投资额 (千元) Investment into the Public Service Platform (1000 yuan)
合　计	**Total**	**1580**	**23886503**	**26330**	**156561560**	**36071**	**3999447**
东部地区	Eastern Region	961	16389899	15143	117981844	22123	2593955
中部地区	Middle Region	298	2989502	4935	15863148	6070	705851
西部地区	Western Region	241	3760775	4564	20564292	6145	602705
东北地区	Northeast Region	80	746327	1688	2152276	1733	96935
北　京	Beijing	68	2125789	1486	36022082	2426	180053
天　津	Tianjin	37	352612	544	714377	828	61824
河　北	Hebei	44	328955	658	925391	875	35924
山　西	Shanxi	16	315882	282	118657	411	26913
内蒙古	Inner Mongolia	14	150620	313	1374160	502	28295
辽　宁	Liaoning	32	242314	659	730123	576	40889
吉　林	Jilin	24	304913	548	684562	699	27983
黑龙江	Heilongjiang	24	199100	481	737591	458	28062
上　海	Shanghai	63	1235013	1110	5772327	1052	82420
江　苏	Jiangsu	278	4269499	4135	17207303	4534	1121234
浙　江	Zhejiang	118	1837094	1668	16749141	2742	459508
安　徽	Anhui	67	446213	902	8311567	1013	135449
福　建	Fujian	25	430195	482	4597380	430	21401
江　西	Jiangxi	22	276643	536	1838736	619	78403
山　东	Shandong	109	1787083	1842	8457228	2619	217142
河　南	Henan	71	626742	1174	1393257	1539	89086
湖　北	Hubei	81	820495	1286	2713260	1731	272587
湖　南	Hunan	41	503528	755	1487671	757	103413
广　东	Guangdong	216	3962782	3159	25936616	6538	414448
广　西	Guangxi	25	202934	397	226400	450	18363
海　南	Hainan	3	60878	59	1600000	79	
重　庆	Chongqing	29	170893	346	1741321	611	58373
四　川	Sichuan	49	686149	843	1355591	1321	347202
贵　州	Guizhou	12	499290	232	545550	189	13292
云　南	Yunnan	16	131485	278	70860	464	8364
西　藏	Xizang	3	4945	29	10000	64	538
陕　西	Shaanxi	48	1350840	1289	13572191	1508	104555
甘　肃	Gansu	14	212500	288	950969	241	11734
青　海	Qinghai	7	62846	121	36000	288	2182
宁　夏	Ningxia	8	111436	143	45000	73	1316
新　疆	Xinjiang	12	149925	225	628250	296	7561
新疆兵团	Xinjiang Corps	4	26914	60	8000	138	932

注：截至2023年底，全国共有国家级孵化器1606家，其中上报数据的国家级孵化器1580家，表中有关数据均为1580家上报数据的国家级孵化器汇总数据。

3-7 各地区国家级科技企业孵化器孵化企业情况

Tenants Statistics of State Level TBIs by Region

单位：个 (unit)

地 区	Region	在孵企业数 Number of Tenants	高新技术企业 Hi-tech Enterprises	当年新增在孵企业 New Incubatees	累计毕业企业 Accumulated Number of Graduated Tenants	当年毕业企业 Number of Graduated Tenants of the Year	收入达5千万元企业数 Number of Tenants with Income More than 50 million yuan
合 计	**Total**	**111779**	**12263**	**27492**	**157716**	**13436**	**3979**
东部地区	Eastern Region	64474	6589	15698	98643	7840	2921
中部地区	Middle Region	22557	2466	5708	28169	2994	579
西部地区	Western Region	18619	2330	4780	22614	1980	449
东北地区	Northeast Region	6129	878	1306	8290	622	30
北 京	Beijing	4734	667	1111	12388	722	245
天 津	Tianjin	2788	366	720	3124	363	102
河 北	Hebei	3433	406	808	3809	311	43
山 西	Shanxi	1162	121	256	1521	158	18
内 蒙 古	Inner Mongolia	1112	76	231	1203	82	8
辽 宁	Liaoning	2464	376	570	3573	222	4
吉 林	Jilin	1655	215	228	1964	202	20
黑 龙 江	Heilongjiang	2010	287	508	2753	198	6
上 海	Shanghai	4093	290	1051	4132	233	198
江 苏	Jiangsu	19356	2070	4562	28188	2366	1181
浙 江	Zhejiang	7610	513	2016	12802	1093	300
安 徽	Anhui	3744	290	1143	4755	660	118
福 建	Fujian	1283	178	326	2616	164	89
江 西	Jiangxi	1972	95	487	2150	304	67
山 东	Shandong	7674	979	1812	12143	807	213
河 南	Henan	5721	724	1267	7516	606	173
湖 北	Hubei	6322	818	1735	7643	778	128
湖 南	Hunan	3636	418	820	4584	488	75
广 东	Guangdong	13319	1105	3250	19195	1767	546
广 西	Guangxi	1897	87	484	2578	177	39
海 南	Hainan	184	15	42	246	14	4
重 庆	Chongqing	1824	142	446	2643	197	26
四 川	Sichuan	3869	689	1195	4987	466	119
贵 州	Guizhou	839	99	205	858	118	23
云 南	Yunnan	1398	100	296	1580	107	13
西 藏	Xizang	123	3	43	146	8	
陕 西	Shaanxi	3745	932	860	5207	464	156
甘 肃	Gansu	1062	67	231	852	73	20
青 海	Qinghai	512	26	126	689	43	15
宁 夏	Ningxia	457	12	142	522	33	9
新 疆	Xinjiang	1433	90	432	769	104	17
新疆兵团	Xinjiang Corps	348	7	89	580	108	4

3-8 各地区国家级科技企业孵化器孵化场地情况

Space Stastistics of State Level TBIs by Region

单位：平方米 (sq.m)

地区	Region	总面积 Total Space Area	办公用房 Space for Office	企业用房 Space for Tenants	服务用房 Space for Service	其他 Others
合计	**Total**	**46056674**	**1507765**	**34580783**	**6138069**	**3830058**
东部地区	Eastern Region	27658017	869499	20518256	3722764	2547498
中部地区	Middle Region	7726631	237946	6064385	989367	434932
西部地区	Western Region	8122027	330835	6113056	1094648	583489
东北地区	Northeast Region	2549999	69484	1885086	331290	264139
北京	Beijing	1584146	65395	1144159	236006	138585
天津	Tianjin	771514	19015	621118	88358	43023
河北	Hebei	1160674	33213	957121	114892	55449
山西	Shanxi	549364	12233	420301	70828	46002
内蒙古	Inner Mongolia	530827	42494	416805	64427	7101
辽宁	Liaoning	789357	18744	630418	106314	33881
吉林	Jilin	1192437	36397	835827	144348	175865
黑龙江	Heilongjiang	568205	14342	418841	80628	54394
上海	Shanghai	1205682	41715	963403	130534	70030
江苏	Jiangsu	9983450	384448	7421394	1217892	959716
浙江	Zhejiang	3233579	90988	2535453	389541	217597
安徽	Anhui	1328325	37845	1050521	161529	78429
福建	Fujian	541365	14056	415110	70890	41309
江西	Jiangxi	861954	24043	705102	107677	25132
山东	Shandong	3899786	86559	2723534	641494	448200
河南	Henan	1754892	67791	1393358	227565	66178
湖北	Hubei	2014384	62387	1527166	269659	155171
湖南	Hunan	1217712	33648	967937	152107	64020
广东	Guangdong	5204397	127879	3681261	823546	571710
广西	Guangxi	761958	22221	587968	100266	51503
海南	Hainan	73424	6231	55702	9611	1880
重庆	Chongqing	496698	19000	381271	75878	20549
四川	Sichuan	1170712	31339	864558	178940	95875
贵州	Guizhou	708735	17838	566519	108858	15520
云南	Yunnan	558381	19155	465035	64923	9269
西藏	Xizang	26549	1529	19925	4128	967
陕西	Shaanxi	1792905	63006	1370743	249867	109289
甘肃	Gansu	396146	15546	272293	75590	32717
青海	Qinghai	715970	57948	456073	46038	155910
宁夏	Ningxia	275940	22697	220092	18960	14191
新疆	Xinjiang	583151	16182	424689	93456	48823
新疆兵团	Xinjiang Corps	104054	1880	67085	13315	21774

3-9 各地区国家级科技企业孵化器当年在孵企业情况

General Statistics of Tenants of State Level TBIs by Region

地区	Region	在孵企业从业人员数（人）Number of Employees of Incubatees (person)	在孵企业总收入（千元）Total Income of Incubatees (1000 yuan)	当年获得投融资企业数（个）Number of Incubatees Obtained Investment and Finance (unit)	当年获风险投资额（千元）Amount of Venture Capital for Incubatees (1000 yuan)	当年获得孵化基金在孵企业数（个）Number of Incubatees Received Incubator Fund (unit)
合　计	**Total**	**1477702**	**522474331**	**9132**	**60894546**	**5005**
东部地区	Eastern Region	821626	320983320	5565	47247943	2528
中部地区	Middle Region	316843	89806238	1912	5732798	1506
西部地区	Western Region	257048	90439341	1334	7274266	801
东北地区	Northeast Region	82185	21245433	321	639539	170
北　京	Beijing	67076	30025773	418	10166543	145
天　津	Tianjin	36601	7804502	372	640021	183
河　北	Hebei	41373	8103931	204	337058	89
山　西	Shanxi	15222	4516487	75	160108	71
内蒙古	Inner Mongolia	15821	7645071	37	150569	4
辽　宁	Liaoning	35378	8169886	96	104004	51
吉　林	Jilin	30702	9642497	180	451565	97
黑龙江	Heilongjiang	16105	3433050	45	83970	22
上　海	Shanghai	39828	18365602	335	6303047	112
江　苏	Jiangsu	265884	109239969	1750	13459473	745
浙　江	Zhejiang	85905	32257140	656	3719724	387
安　徽	Anhui	38592	12957533	327	1408139	184
福　建	Fujian	11697	4700118	92	331351	28
江　西	Jiangxi	35165	11301221	173	189093	271
山　东	Shandong	107903	34943158	590	1645660	375
河　南	Henan	97244	24091646	622	775512	579
湖　北	Hubei	75263	22105118	426	1596177	307
湖　南	Hunan	55357	14834234	289	1603769	94
广　东	Guangdong	161137	65624664	1138	10433980	463
广　西	Guangxi	19134	7075556	121	1388756	76
海　南	Hainan	4222	9918464	10	211084	1
重　庆	Chongqing	22695	5339454	148	241130	50
四　川	Sichuan	58397	16767485	390	2182588	285
贵　州	Guizhou	11614	2883848	71	230693	23
云　南	Yunnan	13543	4854667	59	129931	48
西　藏	Xizang	1082	172324	5	1167	4
陕　西	Shaanxi	75256	25592770	296	2449063	190
甘　肃	Gansu	13138	3853369	75	213539	34
青　海	Qinghai	6249	9633432	31	183509	12
宁　夏	Ningxia	3107	875846	32	42831	8
新　疆	Xinjiang	14248	4573952	37	50080	19
新疆兵团	Xinjiang Corps	2764	1171567	32	10410	48

3-10 计划单列市科技企业孵化器基本情况
General Statistics of TBIs of the Cities Listed Independently in the State Plan

地区	Region	统计孵化器数（个）Number of TBIs with Data (unit)	孵化器总收入（千元）Total Income of TBIs (1000 yuan)	管理机构从业人员数（人）Number of Management Personnel (person)	孵化基金总额（千元）Total Incubator Fund (1000 yuan)	创业导师人数（人）Number of Innovation Mentors (person)	对公共技术服务平台投资额（千元）Investment into the Public Service Platform (1000 yuan)
合　计	**Total**	**394**	**6326078**	**4719**	**29008580**	**5233**	**615880**
大　连	Dalian	33	145800	413	307115	445	19246
宁　波	Ningbo	58	494526	586	2749757	795	62600
厦　门	Xiamen	51	599818	621	3421100	1060	15326
青　岛	Qingdao	42	1055013	555	3437900	801	254586
深　圳	Shenzhen	210	4030920	2544	19092708	2132	264121

3-11 计划单列市科技企业孵化器孵化企业情况
Tenants Statistics of TBIs of the Cities Listed Independently in the State Plan

单位：个 (unit)

地区	Region	在孵企业数 Number of Tenants	高新技术企业 Hi-tech Enterprises	当年新增在孵企业 New Incubatees	累计毕业企业 Accumulated Number of Graduated Tenants	当年毕业企业 Number of Graduated Tenants of the Year	收入达5千万元企业数 Number of Tenants with Income More than 50 million yuan
合　计	**Total**	**14675**	**1331**	**3879**	**18415**	**1683**	**441**
大　连	Dalian	1502	170	396	1688	144	3
宁　波	Ningbo	2714	211	705	2695	373	113
厦　门	Xiamen	1807	64	654	1944	212	82
青　岛	Qingdao	1911	179	436	2219	172	48
深　圳	Shenzhen	6741	707	1688	9869	782	195

3-12 计划单列市科技企业孵化器孵化场地情况
Space Statistics of TBIs of the Cities Listed Independently in the State Plan

单位：平方米 (sq.m)

地 区	Region	总面积 Total Space Area	办公用房 Space for Office	企业用房 Space for Tenants	服务用房 Space for Service	其他 Others
合 计	**Total**	**6855599**	**382551**	**4866099**	**814195**	**792754**
大 连	Dalian	419700	11912	309834	63363	34589
宁 波	Ningbo	1078293	58742	783881	152028	83642
厦 门	Xiamen	892220	56728	631354	101541	102598
青 岛	Qingdao	866238	24084	605725	128134	108295
深 圳	Shenzhen	3599148	231084	2535304	369129	463631

3-13 计划单列市科技企业孵化器当年在孵企业情况
Annual Statistics of Incubatees of TBIs of the Cities Listed Independently in the State Plan

地 区	Region	在孵企业从业人员数（人）Number of Employees of Incubatees (person)	在孵企业总收入（千元）Total Income of Incubatees (1000 yuan)	当年获得投融资企业数（个）Number of Incubatees Obtained Investment and Finance (unit)	当年获风险投资额（千元）Amount of Venture Capital for Incubatees (1000 yuan)	当年获得孵化基金在孵企业数（个）Number of Incubatees Received Incubator Fund (unit)
合 计	**Total**	**173969**	**71379971**	**982**	**8644935**	**490**
大 连	Dalian	12049	3663331	68	76389	55
宁 波	Ningbo	29332	11748311	256	986556	167
厦 门	Xiamen	11012	3507419	74	231954	26
青 岛	Qingdao	25666	6421755	102	1590952	71
深 圳	Shenzhen	95910	46039154	482	5759085	171

3-14 计划单列市国家级科技企业孵化器基本情况
General Statistics of State Level TBIs of the Cities Listed Independently in the State Plan

地 区	Region	统计孵化器数（个）Number of TBIs with Data (unit)	孵化器总收入（千元）Total Income of TBIs (1000 yuan)	管理机构从业人员数（人）Number of Management Personnel (person)	孵化基金总额（千元）Total Incubator Fund (1000 yuan)	创业导师人数（人）Number of Innovation Mentors (person)	对公共技术服务平台投资额（千元）Investment into the Public Service Platform (1000 yuan)
合 计	**Total**	**109**	**2781348**	**1769**	**10909030**	**2130**	**257782**
大 连	Dalian	14	67620	186	196500	191	17581
宁 波	Ningbo	15	251623	241	960500	397	10908
厦 门	Xiamen	10	364353	281	1444380	153	8313
青 岛	Qingdao	23	988396	405	2255100	555	81272
深 圳	Shenzhen	47	1109355	656	6052550	834	139708

3-15 计划单列市国家级科技企业孵化器孵化企业情况
Tenants Statistics of State Level TBIs of the Cities Listed Independently in the State Plan

单位：个 (unit)

地 区	Region	在孵企业数 Number of Tenants	高新技术企业 Hi-tech Enterprises	当年新增在孵企业 New Incubatees	累计毕业企业 Accumulated Number of Graduated Tenants	当年毕业企业 Number of Graduated Tenants of the Year	收入达5千万元企业数 Number of Tenants with Income More than 50 million yuan
合 计	**Total**	**6813**	**759**	**1698**	**12687**	**807**	**258**
大 连	Dalian	734	131	194	1199	100	2
宁 波	Ningbo	1253	161	357	2015	196	65
厦 门	Xiamen	503	17	160	1286	46	77
青 岛	Qingdao	1396	126	314	2039	107	42
深 圳	Shenzhen	2927	324	673	6148	358	72

3-16 计划单列市国家级科技企业孵化器孵化场地情况
Space Statistics of State Level TBIs of the Cities Listed Independently in the State Plan

单位：平方米 (sq.m)

地 区	Region	总面积 Total Space Area	办公用房 Space for Office	企业用房 Space for Tenants	服务用房 Space for Service	其他 Others
合 计	**Total**	**2780604**	**78546**	**2128781**	**355108**	**218169**
大 连	Dalian	250336	5261	189050	34390	21635
宁 波	Ningbo	470843	19714	343715	65426	41988
厦 门	Xiamen	264014	6615	204656	29839	22906
青 岛	Qingdao	696532	16285	486978	101505	91764
深 圳	Shenzhen	1098879	30672	904382	123947	39877

3-17 计划单列市国家级科技企业孵化器当年在孵企业情况
General Statistics of Tenants of State Level TBIs of the Cities Listed Independently in the State Plan

地 区	Region	在孵企业从业人员数（人） Number of Employees of Incubatees (person)	在孵企业总收入（千元） Total Income of Incubatees (1000 yuan)	当年获得投融资企业数（个） Number of Incubatees Obtained Investment and Finance (unit)	当年获风险投资额（千元） Amount of Venture Capital for Incubatees (1000 yuan)	当年获得孵化基金在孵企业数（个） Number of Incubatees Received Incubator Fund (unit)
合 计	**Total**	**89877**	**34103519**	**515**	**5532530**	**217**
大 连	Dalian	7569	3003827	50	67090	30
宁 波	Ningbo	16395	6417493	114	471044	76
厦 门	Xiamen	3365	1236151	28	170401	2
青 岛	Qingdao	21617	4891542	59	425947	42
深 圳	Shenzhen	40931	18554507	264	4398048	67

第四部分

众创空间

The Fourth Part

Mass Maker Spaces

4-1 各地区众创空间基本运营情况
General Statistics of Mass Maker Spaces by Region

地　区	Region	统计众创空间数（个）Number of Mass Maker Spaces with Data (unit)	众创空间总收入（千元）Total Income of Mass Maker Spaces (1000 yuan)	提供工位数（个）Number of Cubicles Offered (unit)	众创空间服务人员数（人）Number of Service Personnel (person)	创业导师人数（人）Number of Innovation Mentors (person)	享受财政资金支持额（千元）Received Fiscal Fund Support (1000 yuan)
合　计	**Total**	**9551**	**22201567**	**1478619**	**94869**	**165748**	**2341455**
东部地区	Eastern Region	5306	12813310	795384	46519	85845	1304659
中部地区	Middle Region	1973	4806902	337949	22230	31147	565909
西部地区	Western Region	1828	3816206	276626	21224	37583	411902
东北地区	Northeast Region	444	765149	68660	4896	11173	58985
北　京	Beijing	202	2601823	70336	3215	7922	119812
天　津	Tianjin	209	370839	38019	2068	6521	34733
河　北	Hebei	637	407078	65397	5294	8637	27189
山　西	Shanxi	293	484700	49400	3669	3846	33051
内蒙古	Inner Mongolia	161	276367	23471	2334	2763	34866
辽　宁	Liaoning	315	571451	51122	3548	8967	47765
吉　林	Jilin	74	141559	10401	910	1420	4143
黑龙江	Heilongjiang	55	52139	7137	438	786	7078
上　海	Shanghai	171	1023237	45326	1379	2580	114978
江　苏	Jiangsu	1222	2212709	122216	8493	12180	432382
浙　江	Zhejiang	878	1972647	147780	8014	15410	320126
安　徽	Anhui	349	556323	36688	3217	4116	132833
福　建	Fujian	418	923289	54252	3899	7657	24785
江　西	Jiangxi	242	1383979	80010	4216	4331	73564
山　东	Shandong	547	1126639	86777	6180	10399	81950
河　南	Henan	310	551265	56394	3638	6090	59101
湖　北	Hubei	464	1427181	68105	4535	8061	168197
湖　南	Hunan	315	403455	47352	2955	4703	99164
广　东	Guangdong	1014	2148025	163750	7871	14341	143232
广　西	Guangxi	125	101635	12106	1084	2336	4436
海　南	Hainan	8	27025	1531	106	198	5473
重　庆	Chongqing	368	800374	74864	3801	6152	107028
四　川	Sichuan	214	521681	34042	2041	6397	58337
贵　州	Guizhou	55	141553	6458	714	1122	2875
云　南	Yunnan	153	277269	21969	1884	4952	21174
西　藏	Xizang	32	96834	3653	403	810	9384
陕　西	Shaanxi	248	775089	53702	2876	5419	122518
甘　肃	Gansu	243	542766	22213	3844	3558	17103
青　海	Qinghai	54	54369	3634	526	1269	3207
宁　夏	Ningxia	74	92777	8741	699	1058	4116
新　疆	Xinjiang	64	84623	5851	624	1362	16351
新疆兵团	Xinjiang Corps	37	50870	5922	394	385	10506

4-2 各地区众创空间服务情况

Service Statistics of Mass Maker Spaces by Region

地 区	Region	当年服务的创业团队数 (个) Number of Serviced Entrepreneurial Groups (unit)	当年服务的初创企业的数 (个) Number of Serviced Startup Companies (unit)	举办创新创业活动 (场次) Number of Activities for Business Creation and Innovation (item)	开展创业教育培训 (场次) Number of Training Programs on Entrepreneurship (item)	当年获得技术支撑服务的团队和企业数 (个) Number of Groups and Startups Received Technical Support (unit)
合 计	**Total**	**214297**	**241595**	**136143**	**95869**	**94841**
东部地区	Eastern Region	101477	132214	67285	47451	48549
中部地区	Middle Region	58175	50443	33795	23982	21333
西部地区	Western Region	42077	46182	27339	19063	19100
东北地区	Northeast Region	12568	12756	7724	5373	5859
北 京	Beijing	8414	13148	4809	2844	3867
天 津	Tianjin	5639	6309	3643	2552	2664
河 北	Hebei	10629	10639	7053	5443	3807
山 西	Shanxi	7650	8053	7638	4704	1937
内蒙古	Inner Mongolia	3651	3597	2309	1789	1379
辽 宁	Liaoning	9003	9460	5976	3766	4589
吉 林	Jilin	1932	1348	1004	1086	758
黑龙江	Heilongjiang	1633	1948	744	521	512
上 海	Shanghai	2549	6949	3168	1518	1958
江 苏	Jiangsu	18028	27491	11088	6829	9115
浙 江	Zhejiang	19776	20844	12179	9560	9279
安 徽	Anhui	5750	7150	4520	3191	2990
福 建	Fujian	6935	5741	4617	3588	2195
江 西	Jiangxi	14290	6075	4271	3383	2424
山 东	Shandong	10462	12263	7883	6388	5642
河 南	Henan	12625	9056	5286	4083	5324
湖 北	Hubei	11567	13310	7587	5234	4780
湖 南	Hunan	6293	6799	4493	3387	3878
广 东	Guangdong	18650	27959	12612	8555	9907
广 西	Guangxi	2640	2099	1345	1054	1271
海 南	Hainan	395	871	233	174	115
重 庆	Chongqing	7927	10317	5541	3784	3545
四 川	Sichuan	5405	5851	4445	2734	2837
贵 州	Guizhou	1052	744	641	442	466
云 南	Yunnan	5112	3980	2553	1756	1308
西 藏	Xizang	266	1246	583	514	247
陕 西	Shaanxi	5279	7460	4117	2563	3000
甘 肃	Gansu	5372	3705	2533	2224	2887
青 海	Qinghai	807	988	654	585	143
宁 夏	Ningxia	909	1468	630	507	479
新 疆	Xinjiang	2354	3609	1281	757	1205
新疆兵团	Xinjiang Corps	1303	1118	707	354	333

4-2 续表 continued

地 区	Region	当年获得投融资的创业团队数（个） Number of Entrepreneurial Groups that Received Investment (unit)	当年获得投融资的初创企业数（个） Number of Startup Companies that Received Investment (unit)	创业团队当年获得投融资总额（千元） Amount of Investment Received by Entrepreneurial Groups (1000 yuan)	初创企业当年获得投融资总额（千元） Amount of Investment Received by Startup Companies (1000 yuan)
合 计	**Total**	**10578**	**9752**	**11867286**	**41740441**
东部地区	Eastern Region	3953	5054	9712106	36420726
中部地区	Middle Region	3627	2726	1035008	2826328
西部地区	Western Region	2160	1662	1005550	1820879
东北地区	Northeast Region	838	310	114622	672509
北 京	Beijing	239	459	7323789	21379343
天 津	Tianjin	127	139	394828	293678
河 北	Hebei	330	325	33807	228444
山 西	Shanxi	167	213	62464	134621
内 蒙 古	Inner Mongolia	156	99	213499	50446
辽 宁	Liaoning	773	245	95811	646857
吉 林	Jilin	47	39	15592	16376
黑 龙 江	Heilongjiang	18	26	3220	9277
上 海	Shanghai	50	199	406552	5881997
江 苏	Jiangsu	791	1294	419316	2864457
浙 江	Zhejiang	764	870	417039	1646882
安 徽	Anhui	339	386	55428	903581
福 建	Fujian	382	335	213093	632334
江 西	Jiangxi	573	467	278835	295248
山 东	Shandong	419	343	224238	638968
河 南	Henan	1440	579	168903	168704
湖 北	Hubei	494	606	239662	874491
湖 南	Hunan	614	475	229715	449682
广 东	Guangdong	840	1082	278622	2852757
广 西	Guangxi	277	101	10341	52842
海 南	Hainan	11	8	823	1867
重 庆	Chongqing	312	390	414273	344002
四 川	Sichuan	270	235	75438	239644
贵 州	Guizhou	32	30	9311	59254
云 南	Yunnan	205	101	38060	35609
西 藏	Xizang	35	79	4372	29453
陕 西	Shaanxi	263	257	132107	739664
甘 肃	Gansu	274	157	73279	100634
青 海	Qinghai	65	32	8062	48044
宁 夏	Ningxia	22	49	14529	25888
新 疆	Xinjiang	212	119	8683	91288
新疆兵团	Xinjiang Corps	37	13	3595	4110

4-3 各地区众创空间创业团队和企业情况

Statistics of Groups and Startups of Mass Maker Spaces by Region

地　　区	Region	创业团队人员数（人）Number of Employment by Entrepreneurial Groups (person)	应届大学毕业生（人）Number of Recruited College Graduates (person)	常驻创业团队拥有有效知识产权数（个）Valid IPRs Held by Tenants (piece)	发明专利数（个）Invention Patents (piece)	新注册企业数（家）Newly Registered Companies (unit)
合　　计	**Total**	**792865**	**108953**	**144566**	**26239**	**89921**
东部地区	Eastern Region	347831	44135	80990	15302	46764
中部地区	Middle Region	238472	37363	36893	5646	19612
西部地区	Western Region	155178	20651	21251	4373	17463
东北地区	Northeast Region	51384	6804	5432	918	6082
北　　京	Beijing	41156	3778	28187	4498	3230
天　　津	Tianjin	18205	1822	4663	980	2262
河　　北	Hebei	34000	3125	2569	509	3687
山　　西	Shanxi	28728	3446	5267	457	2624
内 蒙 古	Inner Mongolia	17739	3019	1463	300	1062
辽　　宁	Liaoning	37624	5091	3589	724	5078
吉　　林	Jilin	8323	898	1423	134	444
黑 龙 江	Heilongjiang	5437	815	420	60	560
上　　海	Shanghai	8197	585	4049	678	2330
江　　苏	Jiangsu	51976	7159	11264	2540	8585
浙　　江	Zhejiang	66720	9329	9620	2488	7887
安　　徽	Anhui	21755	2760	2609	429	2710
福　　建	Fujian	26214	3370	4533	501	2264
江　　西	Jiangxi	74321	10829	7101	819	3185
山　　东	Shandong	43132	5510	5123	1113	4432
河　　南	Henan	41217	8600	7070	1238	2700
湖　　北	Hubei	43351	6894	10570	1756	5410
湖　　南	Hunan	29100	4834	4276	947	2983
广　　东	Guangdong	57488	9383	10720	1867	11842
广　　西	Guangxi	9249	1337	841	141	888
海　　南	Hainan	743	74	262	128	245
重　　庆	Chongqing	31672	3890	5493	1350	5314
四　　川	Sichuan	19291	2483	2148	349	2117
贵　　州	Guizhou	4910	479	831	96	428
云　　南	Yunnan	18714	2356	2621	303	1718
西　　藏	Xizang	1341	154	145	48	259
陕　　西	Shaanxi	18536	2709	4411	1022	2323
甘　　肃	Gansu	19611	3008	2241	531	1180
青　　海	Qinghai	2714	173	159	54	132
宁　　夏	Ningxia	2650	315	137	30	401
新　　疆	Xinjiang	5816	592	484	68	1208
新疆兵团	Xinjiang Corps	2935	136	277	81	433

地 区	Region	初创企业吸纳就业人数(人) Number of Employment by Startups (person)	应届大学毕业生(人) Number of Recruited College Graduates (person)	常驻初创企业拥有有效知识产权数(个) Valid IPRs Held by Startups (piece)	发明专利数(个) Invention Patents (piece)
合 计	**Total**	**1043700**	**131297**	**332616**	**48770**
东部地区	Eastern Region	535357	61397	208397	32787
中部地区	Middle Region	248796	38239	62655	7901
西部地区	Western Region	209871	24188	48035	6087
东北地区	Northeast Region	49676	7473	13529	1995
北 京	Beijing	81125	6029	51090	7734
天 津	Tianjin	19515	2425	9940	1539
河 北	Hebei	36633	2985	4416	477
山 西	Shanxi	30108	4650	7544	381
内 蒙 古	Inner Mongolia	19376	1583	2801	396
辽 宁	Liaoning	38001	6015	9961	1666
吉 林	Jilin	4148	503	942	87
黑 龙 江	Heilongjiang	7527	955	2626	242
上 海	Shanghai	29522	2798	18873	3195
江 苏	Jiangsu	103502	12858	40075	7180
浙 江	Zhejiang	89977	12518	21809	4588
安 徽	Anhui	32962	4247	8788	1082
福 建	Fujian	23607	2696	7669	599
江 西	Jiangxi	41750	7711	6696	765
山 东	Shandong	52082	7064	12487	1563
河 南	Henan	41498	7453	12681	1177
湖 北	Hubei	59429	7677	20268	2672
湖 南	Hunan	43049	6501	6678	1824
广 东	Guangdong	96037	11857	40219	5684
广 西	Guangxi	7525	1092	1138	214
海 南	Hainan	3357	167	1819	228
重 庆	Chongqing	52440	6342	10593	1694
四 川	Sichuan	28156	3757	10709	884
贵 州	Guizhou	3448	347	935	60
云 南	Yunnan	17397	1878	4354	330
西 藏	Xizang	6491	580	738	151
陕 西	Shaanxi	37364	4503	11911	1698
甘 肃	Gansu	14793	2332	1728	254
青 海	Qinghai	4556	191	250	81
宁 夏	Ningxia	6864	543	990	109
新 疆	Xinjiang	8954	837	1535	124
新疆兵团	Xinjiang Corps	2507	203	353	92

4-4 各地区众创空间收入情况

Income Statistics of Mass Maker Space by Region

单位：千元 (1000 yuan)

地　区	Region	众创空间总收入 Total Income	服务收入 Service Income	房租及物业收入 Rent and Logistics Income	投资收入 Investment Income	财政补贴 Fiscal Subsidy
合　计	**Total**	**22201567**	**8484369**	**7002914**	**1315850**	**2554579**
东部地区	Eastern Region	12813310	4728728	4782352	661189	1334438
中部地区	Middle Region	4806902	1838509	1198146	304561	599902
西部地区	Western Region	3816206	1583494	841231	287641	528696
东北地区	Northeast Region	765149	333638	181186	62460	91543
北　京	Beijing	2601823	777947	1394674	111618	88644
天　津	Tianjin	370839	152408	75236	5570	44574
河　北	Hebei	407078	134749	96261	26960	108588
山　西	Shanxi	484700	163668	88903	17043	71816
内蒙古	Inner Mongolia	276367	132129	52001	17179	44674
辽　宁	Liaoning	571451	218274	136361	58059	79370
吉　林	Jilin	141559	90288	27591	4001	7169
黑龙江	Heilongjiang	52139	25075	17234	399	5004
上　海	Shanghai	1023237	275008	566254	2120	86473
江　苏	Jiangsu	2212709	931617	680550	114183	333617
浙　江	Zhejiang	1972647	527358	711420	206769	341064
安　徽	Anhui	556323	208664	174047	30159	74922
福　建	Fujian	923289	414851	199365	78803	66801
江　西	Jiangxi	1383979	487679	372742	100006	163461
山　东	Shandong	1126639	611957	175790	39988	140075
河　南	Henan	551265	229183	111646	45240	42185
湖　北	Hubei	1427181	596703	341089	74935	173376
湖　南	Hunan	403455	152613	109719	37178	74142
广　东	Guangdong	2148025	880768	879498	75179	123250
广　西	Guangxi	101635	39415	31156	1986	18336
海　南	Hainan	27025	22065	3305		1352
重　庆	Chongqing	800374	322557	229286	59097	114104
四　川	Sichuan	521681	210884	58706	21200	109335
贵　州	Guizhou	141553	50183	39423	6467	6308
云　南	Yunnan	277269	107917	59883	14756	40248
西　藏	Xizang	96834	29882	1447	20648	36549
陕　西	Shaanxi	775089	320471	239360	50375	99585
甘　肃	Gansu	542766	236703	64754	92771	29508
青　海	Qinghai	54369	20283	13506	586	4090
宁　夏	Ningxia	92777	54223	15911	858	9987
新　疆	Xinjiang	84623	40123	18199	624	12815
新疆兵团	Xinjiang Corps	50870	18723	17600	1093	3159

4-5 各地区国家备案众创空间基本运营情况
General Statistics of National Mass Maker Spaces by Region

地区	Region	统计众创空间数（个）Number of Mass Maker Spaces with Data (unit)	众创空间总收入（千元）Total Income of Mass Maker Spaces (1000 yuan)	提供工位数（个）Number of Cubicles Offered (unit)	众创空间服务人员数（人）Number of Service Personnel (person)	创业导师人数（人）Number of Innovation Mentors (person)	享受财政资金支持额（千元）Received Fiscal Fund Support (1000 yuan)
合　计	**Total**	**2242**	**6771969**	**471436**	**23863**	**62954**	**778989**
东部地区	Eastern Region	1318	4466808	267021	12758	35122	461012
中部地区	Middle Region	361	936938	80635	4269	9428	145127
西部地区	Western Region	445	1142706	99143	5306	14520	140195
东北地区	Northeast Region	118	225517	24637	1530	3884	32655
北　京	Beijing	132	1720554	49989	2224	5879	71654
天　津	Tianjin	83	151054	16987	838	3886	14584
河　北	Hebei	105	76224	12141	950	2118	5876
山　西	Shanxi	39	62893	9908	489	889	18036
内蒙古	Inner Mongolia	47	99946	7687	612	1066	7695
辽　宁	Liaoning	67	131188	16073	893	2640	25050
吉　林	Jilin	22	55849	4592	378	593	2482
黑龙江	Heilongjiang	29	38480	3972	259	651	5124
上　海	Shanghai	53	298326	17377	468	1627	72134
江　苏	Jiangsu	260	447526	35634	2053	3472	112421
浙　江	Zhejiang	177	518312	39760	1591	5577	80001
安　徽	Anhui	65	113088	9492	675	1201	23944
福　建	Fujian	58	136451	9971	392	1522	7457
江　西	Jiangxi	41	225573	18293	795	1230	9967
山　东	Shandong	203	414023	37677	2191	5297	41955
河　南	Henan	71	173342	18222	841	2265	17339
湖　北	Hubei	87	275963	14102	933	2513	44966
湖　南	Hunan	58	86080	10618	536	1330	30875
广　东	Guangdong	244	699664	46806	2033	5637	54010
广　西	Guangxi	30	30860	3353	239	775	2676
海　南	Hainan	3	4674	679	18	107	921
重　庆	Chongqing	62	173801	25692	614	1623	20975
四　川	Sichuan	71	161257	14929	681	3188	21569
贵　州	Guizhou	21	24486	2460	201	471	1205
云　南	Yunnan	35	59875	5711	537	1680	5523
西　藏	Xizang	8	24719	900	100	402	100
陕　西	Shaanxi	78	380177	25848	1248	3095	71058
甘　肃	Gansu	31	106448	3174	494	652	2413
青　海	Qinghai	11	10369	447	90	340	660
宁　夏	Ningxia	8	12367	2335	83	131	145
新　疆	Xinjiang	31	43221	3325	287	935	5326
新疆兵团	Xinjiang Corps	12	15182	3282	120	162	850

注：截至2023年底，全国共有国家备案众创空间2376家，其中上报数据的国家备案众创空间2242家，表中有关数据均为2242家上报数据的国家备案众创空间汇总数据。

4-6 各地区国家备案众创空间服务情况
Service Statistics of National Mass Maker Spaces by Region

地　区	Region	当年服务的创业团队数 (个) Number of Serviced Entrepreneurial Groups (unit)	当年服务的初创企业的数 (个) Number of Serviced Startup Companies (unit)	举办创新创业活动 (场次) Number of Activities for Business Creation and Innovation (item)	开展创业教育培训 (场次) Number of Training Programs on Entrepreneurship (item)	当年获得技术支撑服务的团队和企业数 (个) Number of Groups and Startups Received Technical Support (unit)
合　计	**Total**	**68844**	**87654**	**42650**	**28394**	**33652**
东部地区	Eastern Region	34687	50658	23396	15112	18834
中部地区	Middle Region	13538	15298	8015	5714	5912
西部地区	Western Region	15059	16875	8642	5895	6848
东北地区	Northeast Region	5560	4823	2597	1673	2058
北　京	Beijing	5754	10224	3481	1864	2716
天　津	Tianjin	2746	3378	1676	1225	1259
河　北	Hebei	2370	2314	1577	985	1122
山　西	Shanxi	1201	1873	898	589	307
内蒙古	Inner Mongolia	1744	1590	791	645	576
辽　宁	Liaoning	3681	2862	1741	1036	1491
吉　林	Jilin	692	606	334	305	287
黑龙江	Heilongjiang	1187	1355	522	332	280
上　海	Shanghai	1166	3487	1495	787	1260
江　苏	Jiangsu	4586	7488	3106	1964	2617
浙　江	Zhejiang	5814	7062	3478	2384	2929
安　徽	Anhui	1514	2490	1271	846	997
福　建	Fujian	988	1436	793	642	342
江　西	Jiangxi	2019	1390	1087	769	537
山　东	Shandong	5016	6039	3735	2730	2683
河　南	Henan	4313	3260	1476	1225	1925
湖　北	Hubei	2970	4233	2044	1328	1233
湖　南	Hunan	1521	2052	1239	957	913
广　东	Guangdong	6088	9002	3966	2472	3878
广　西	Guangxi	1183	828	393	280	572
海　南	Hainan	159	228	89	59	28
重　庆	Chongqing	1810	2684	1341	1115	910
四　川	Sichuan	2107	2652	1405	966	1334
贵　州	Guizhou	513	374	362	205	162
云　南	Yunnan	1285	971	620	316	322
西　藏	Xizang	90	366	142	105	57
陕　西	Shaanxi	2619	3549	1862	1187	1393
甘　肃	Gansu	1319	959	413	347	683
青　海	Qinghai	155	250	224	152	13
宁　夏	Ningxia	206	265	114	60	62
新　疆	Xinjiang	1323	1931	863	431	559
新疆兵团	Xinjiang Corps	705	456	112	86	205

地 区	Region	当年获得投融资的创业团队数（个） Number of Entrepreneurial Groups that Received Investment (unit)	当年获得投融资的初创企业数（个） Number of Startup Companies that Received Investment (unit)	创业团队当年获得投融资总额（千元） Amount of Investment Received by Entrepreneurial Groups (1000 yuan)	初创企业当年获得投融资总额（千元） Amount of Investment Received by Startup Companies (1000 yuan)
合 计	**Total**	**3416**	**2929**	**6637353**	**29431101**
东部地区	Eastern Region	1148	1773	6306148	27841027
中部地区	Middle Region	1309	609	117706	715161
西部地区	Western Region	678	457	189110	814645
东北地区	Northeast Region	281	90	24389	60269
北 京	Beijing	178	331	5573780	18778061
天 津	Tianjin	44	67	47425	109071
河 北	Hebei	62	70	3915	35047
山 西	Shanxi	31	70	11027	51484
内 蒙 古	Inner Mongolia	15	30	860	31233
辽 宁	Liaoning	259	61	19374	46337
吉 林	Jilin	13	11	3795	6015
黑 龙 江	Heilongjiang	9	18	1220	7917
上 海	Shanghai	23	116	132720	4663041
江 苏	Jiangsu	199	300	134145	1016832
浙 江	Zhejiang	210	265	150611	967693
安 徽	Anhui	94	101	8569	184347
福 建	Fujian	41	69	17408	503241
江 西	Jiangxi	80	72	21199	22628
山 东	Shandong	126	167	122363	314618
河 南	Henan	779	176	17506	59760
湖 北	Hubei	63	80	33309	328675
湖 南	Hunan	262	110	26097	68268
广 东	Guangdong	257	384	123558	1453155
广 西	Guangxi	226	56	3603	5955
海 南	Hainan	8	4	223	267
重 庆	Chongqing	45	63	58061	43890
四 川	Sichuan	41	57	35561	104997
贵 州	Guizhou	11	10	1583	5434
云 南	Yunnan	23	26	4919	15299
西 藏	Xizang		20		10930
陕 西	Shaanxi	113	112	66401	472503
甘 肃	Gansu	16	23	11363	52441
青 海	Qinghai	7	7	900	2010
宁 夏	Ningxia	7	9	1659	2661
新 疆	Xinjiang	164	37	2280	65992
新疆兵团	Xinjiang Corps	10	7	1920	1300

4-7 各地区国家备案众创空间创业团队和企业情况

Statistics of Groups and Startups of National Mass Maker Spaces by Region

地　区	Region	创业团队人员数（人）Number of Employment by Entrepreneurial Groups (person)	应届大学毕业生（人）Number of Recruited College Graduates (person)	常驻创业团队拥有有效知识产权数（个）Valid IPRs Held by Tenants (piece)	发明专利数（个）Invention Patents (piece)	新注册企业数（家）Newly Registered Companies (unit)
合　计	**Total**	**258998**	**38493**	**56891**	**10477**	**25468**
东部地区	Eastern Region	124112	15930	36921	6779	13871
中部地区	Middle Region	57796	11307	12182	2064	4776
西部地区	Western Region	53440	8069	5989	1305	5141
东北地区	Northeast Region	23650	3187	1799	329	1680
北　京	Beijing	30597	2428	19224	2556	2428
天　津	Tianjin	10102	1197	2918	733	1222
河　北	Hebei	6554	789	682	159	662
山　西	Shanxi	6643	1077	801	111	543
内蒙古	Inner Mongolia	9207	2348	675	95	343
辽　宁	Liaoning	15845	2072	997	225	1397
吉　林	Jilin	3545	423	644	66	96
黑龙江	Heilongjiang	4260	692	158	38	187
上　海	Shanghai	3124	279	1209	366	822
江　苏	Jiangsu	13581	1874	3634	874	2286
浙　江	Zhejiang	17189	3031	3085	781	2170
安　徽	Anhui	4560	866	675	61	646
福　建	Fujian	3215	498	373	78	457
江　西	Jiangxi	16303	3526	2470	394	548
山　东	Shandong	19467	2431	2114	467	1815
河　南	Henan	13028	2908	2438	541	761
湖　北	Hubei	9797	1401	4191	526	1630
湖　南	Hunan	7465	1529	1607	431	648
广　东	Guangdong	19829	3389	3643	765	1927
广　西	Guangxi	4083	420	451	73	257
海　南	Hainan	454	14	39		82
重　庆	Chongqing	7208	829	987	241	889
四　川	Sichuan	7933	1124	865	158	898
贵　州	Guizhou	2208	261	171	21	140
云　南	Yunnan	4126	394	750	116	330
西　藏	Xizang	448	42	59	22	65
陕　西	Shaanxi	8604	1354	1334	416	1005
甘　肃	Gansu	4092	759	203	41	232
青　海	Qinghai	390	6	13	6	60
宁　夏	Ningxia	570	65	20		101
新　疆	Xinjiang	2824	402	338	47	589
新疆兵团	Xinjiang Corps	1747	65	123	69	232

4-7 续表 continued

地区	Region	初创企业吸纳就业人数（人）Number of Employment by Startups (person)	应届大学毕业生（人）Number of Recruited College Graduates (person)	常驻初创企业拥有有效知识产权数（个）Valid IPRs Held by Startups (piece)	发明专利数（个）Invention Patents (piece)
合　计	**Total**	**394548**	**50529**	**150019**	**20709**
东部地区	Eastern Region	218686	24349	94164	14022
中部地区	Middle Region	73522	13311	25798	3208
西部地区	Western Region	84914	10288	23871	2828
东北地区	Northeast Region	17426	2581	6186	651
北　京	Beijing	59787	4447	30712	4295
天　津	Tianjin	10308	1431	5590	743
河　北	Hebei	9292	766	1726	180
山　西	Shanxi	7895	1437	2837	154
内蒙古	Inner Mongolia	8232	956	1725	138
辽　宁	Liaoning	10065	1679	3396	400
吉　林	Jilin	1829	169	683	56
黑龙江	Heilongjiang	5532	733	2107	195
上　海	Shanghai	12686	1760	9028	1489
江　苏	Jiangsu	29531	3508	11909	2146
浙　江	Zhejiang	30231	4289	9789	1874
安　徽	Anhui	11838	1811	4217	251
福　建	Fujian	5027	440	1707	181
江　西	Jiangxi	9646	3289	2769	415
山　东	Shandong	25065	2957	5684	639
河　南	Henan	14190	2352	6223	578
湖　北	Hubei	18556	2485	7328	976
湖　南	Hunan	11397	1937	2424	834
广　东	Guangdong	36262	4670	17348	2473
广　西	Guangxi	3476	539	506	80
海　南	Hainan	497	81	671	2
重　庆	Chongqing	15982	1681	4186	594
四　川	Sichuan	14025	2179	6487	489
贵　州	Guizhou	1532	151	386	22
云　南	Yunnan	5593	493	1609	178
西　藏	Xizang	2083	228	257	61
陕　西	Shaanxi	21536	2719	6845	1065
甘　肃	Gansu	4515	679	413	52
青　海	Qinghai	1008	62	71	14
宁　夏	Ningxia	1198	143	274	16
新　疆	Xinjiang	4708	373	1013	72
新疆兵团	Xinjiang Corps	1026	85	99	47

4-8 各地区国家备案众创空间收入情况

Income Statistics of National Mass Maker Space by Region

单位：千元 (1000 yuan)

地　区	Region	众创空间总收入 Total Income	服务收入 Service Income	房租及物业收入 Rent and Logistics Income	投资收入 Investment Income	财政补贴 Fiscal Subsidy
合　计	**Total**	**6771969**	**2676883**	**2238046**	**355738**	**807463**
东部地区	Eastern Region	4466808	1759974	1608733	283084	437571
中部地区	Middle Region	936938	392389	256842	24090	128845
西部地区	Western Region	1142706	438646	309232	47973	196611
东北地区	Northeast Region	225517	85873	63238	591	44436
北　京	Beijing	1720554	599944	792444	104331	71233
天　津	Tianjin	151054	82485	40939	2305	18185
河　北	Hebei	76224	25507	22357	809	21021
山　西	Shanxi	62893	20432	14712	1797	19652
内蒙古	Inner Mongolia	99946	52374	20268	4872	16874
辽　宁	Liaoning	131188	33411	41068	331	36153
吉　林	Jilin	55849	35965	7713	61	4520
黑龙江	Heilongjiang	38480	16497	14458	199	3763
上　海	Shanghai	298326	93774	135838	1101	50981
江　苏	Jiangsu	447526	194549	127422	18592	77386
浙　江	Zhejiang	518312	140710	153555	94590	97879
安　徽	Anhui	113088	43578	31733	2891	28959
福　建	Fujian	136451	83733	36257	1925	11506
江　西	Jiangxi	225573	73220	92905	11455	12122
山　东	Shandong	414023	201327	65002	14575	44080
河　南	Henan	173342	59361	37054	3951	8082
湖　北	Hubei	275963	169450	53512	2982	34502
湖　南	Hunan	86080	26348	26926	1014	25528
广　东	Guangdong	699664	336560	232587	44857	44648
广　西	Guangxi	30860	6774	10529	100	12093
海　南	Hainan	4674	1386	2333		652
重　庆	Chongqing	173801	69604	55465	3080	33371
四　川	Sichuan	161257	63566	35335	1866	32388
贵　州	Guizhou	24486	8325	8801	1687	855
云　南	Yunnan	59875	11528	5576	450	17102
西　藏	Xizang	24719	8906	209		15579
陕　西	Shaanxi	380177	136299	122579	34116	51122
甘　肃	Gansu	106448	43330	28022	1539	3328
青　海	Qinghai	10369	4300	2892	27	1820
宁　夏	Ningxia	12367	7454	2181	106	996
新　疆	Xinjiang	43221	21072	11861	129	8075
新疆兵团	Xinjiang Corps	15182	5113	5515		3007

4-9 计划单列市众创空间基本运营情况
General Statistics of Mass Maker Spaces of the Cities Listed Independently in the State Plan

地 区	Region	统计众创空间数（个）Number of Mass Maker Spaces with Data (unit)	众创空间总收入（千元）Total Income of Mass Maker Spaces (1000 yuan)	提供工位数（个）Number of Cubicles Offered (unit)	众创空间服务人员数（人）Number of Service Personnel (person)	创业导师人数（人）Number of Innovation Mentors (person)	享受财政资金支持额（千元）Received Fiscal Fund Support (1000 yuan)
合 计	**Total**	**645**	**2308719**	**134535**	**5550**	**12151**	**201963**
大 连	Dalian	75	152605	8601	771	2161	13564
宁 波	Ningbo	118	435848	23895	1212	2661	77525
厦 门	Xiamen	69	140244	12783	437	1636	8838
青 岛	Qingdao	74	316280	9736	624	1569	9619
深 圳	Shenzhen	309	1263742	79520	2506	4124	92417

4-10 计划单列市众创空间服务情况
Service Statistics of Mass Maker Spaces of the Cities Listed Independently in the State Plan

地 区	Region	当年服务的创业团队数量（个）Number of Serviced Entrepreneurial Groups (unit)	当年服务的初创企业数量（个）Number of Serviced Startup Companies (unit)	举办创新创业活动（场次）Number of Activities for Business Creation and Innovation (item)	开展创业教育培训（场次）Number of Training Programs on Entrepreneurship (item)	当年获得技术支撑服务的团队和企业数量（个）Number of Groups and Startups Received Technical Support (unit)
合 计	**Total**	**14343**	**18470**	**9234**	**5856**	**7547**
大 连	Dalian	2803	1838	1532	917	1069
宁 波	Ningbo	4853	5236	1928	1185	2171
厦 门	Xiamen	1223	1357	646	706	489
青 岛	Qingdao	1563	1972	1455	988	906
深 圳	Shenzhen	3901	8067	3673	2060	2912

4-10 续表 continued

地　区　Region	当年获得投融资的创业团队数（个）Number of Entrepreneurial Groups that Received Investment (unit)	当年获得投融资的初创企业数（个）Number of Startup Companies that Received Investment (unit)	创业团队当年获得投融资总额（千元）Amount of Investment Received by Entrepreneurial Groups (1000 yuan)	初创企业当年获得投融资总额（千元）Amount of Investment Received by Startup Companies (1000 yuan)
合　计　Total	**598**	**667**	**422326**	**3644731**
大　连　Dalian	193	54	5777	10722
宁　波　Ningbo	185	205	152118	449992
厦　门　Xiamen	50	56	35497	490114
青　岛　Qingdao	22	24	65600	171146
深　圳　Shenzhen	148	328	163334	2522756

4-11　计划单列市众创空间创业团队和企业情况
Statistics of Groups and Startups of Mass Maker Spaces of the Cities Listed Independently in the State Plan

地　区　Region	创业团队人员数（人）Number of Employment by Entrepreneurial Groups (person)	应届大学毕业生（人）Number of Recruited College Graduates (person)	常驻创业团队拥有有效知识产权数（个）Valid IPRs Held by Tenants (piece)	发明专利数（个）Invention Patents (piece)	新注册企业数（家）Newly Registered Companies (unit)
合　计　Total	**49084**	**6013**	**7755**	**1691**	**5635**
大　连　Dalian	10318	1294	956	134	1404
宁　波　Ningbo	14946	1682	2474	665	1574
厦　门　Xiamen	4628	448	1009	107	448
青　岛　Qingdao	5099	721	654	171	519
深　圳　Shenzhen	14093	1868	2662	614	1690

4-11 续表 continued

地 区	Region	初创企业吸纳就业人数（人）Number of Employment by Startups (person)	应届大学毕业生（人）Number of Recruited College Graduates (person)	常驻初创企业拥有有效知识产权数（个）Valid IPRs Held by Startups (piece)	发明专利数（个）Invention Patents (piece)
合 计	**Total**	**87178**	**8137**	**31950**	**5490**
大 连	Dalian	5997	666	2010	179
宁 波	Ningbo	22776	2535	5934	1394
厦 门	Xiamen	4530	450	1401	123
青 岛	Qingdao	8969	651	1649	190
深 圳	Shenzhen	44906	3835	20956	3604

4-12 计划单列市众创空间收入情况

Income Statistics of Mass Maker Space of the Cities Listed Independently in the State Plan

单位：千元 (1000 yuan)

地 区	Region	众创空间总收入 Total Income	服务收入 Service Income	房租及物业收入 Rent and Logistics Income	投资收入 Investment Income	财政补贴 Fiscal Subsidy
合 计	**Total**	**2308719**	**936465**	**945359**	**94012**	**168083**
大 连	Dalian	152605	41404	54365	1604	25839
宁 波	Ningbo	435848	61323	246169	11103	69621
厦 门	Xiamen	140244	45205	38705	34491	11440
青 岛	Qingdao	316280	255814	37404	9637	7792
深 圳	Shenzhen	1263742	532719	568715	37177	53391

4-13 计划单列市国家备案众创空间基本运营情况
General Statistics of National Mass Maker Spaces of the Cities Listed Independently in the State Plan

地　区	Region	统计众创空间数（个）Number of Mass Maker Spaces with Data (unit)	众创空间总收入（千元）Total Income of Mass Maker Spaces (1000 yuan)	提供工位数（个）Number of Cubicles Offered (unit)	众创空间服务人员数（人）Number of Service Personnel (person)	创业导师人数（人）Number of Innovation Mentors (person)	享受财政资金支持额（千元）Received Fiscal Fund Support (1000 yuan)
合　计	**Total**	**252**	**822977**	**53632**	**2123**	**5897**	**63431**
大　连	Dalian	24	62204	3320	223	599	6675
宁　波	Ningbo	32	101791	10176	366	1082	5820
厦　门	Xiamen	31	42462	6579	205	734	2837
青　岛	Qingdao	62	163450	7288	506	1430	6069
深　圳	Shenzhen	103	453070	26269	823	2052	42030

4-14 计划单列市国家备案众创空间服务情况
Service Statistics of National Mass Maker Spaces of the Cities Listed Independently in the State Plan

地　区	Region	当年服务的创业团队数（个）Number of Serviced Entrepreneurial Groups (unit)	当年服务的初创企业的数（个）Number of Serviced Startup Companies (unit)	举办创新创业活动（场次）Number of Activities for Business Creation and Innovation (item)	开展创业教育培训（场次）Number of Training Programs on Entrepreneurship (item)	当年获得技术支撑服务的团队和企业数（个）Number of Groups and Startups Received Technical Support (unit)
合　计	**Total**	**7234**	**8513**	**4129**	**2584**	**3729**
大　连	Dalian	1860	867	680	357	573
宁　波	Ningbo	1968	1928	571	323	921
厦　门	Xiamen	619	823	288	280	192
青　岛	Qingdao	1305	1571	1235	901	675
深　圳	Shenzhen	1482	3324	1355	723	1368

4-14 续表 continued

地 区 Region	当年获得投融资的创业团队数（个）Number of Entrepreneurial Groups that Received Investment (unit)	当年获得投融资的初创企业数（个）Number of Startup Companies that Received Investment (unit)	创业团队当年获得投融资总额（千元）Amount of Investment Received by Entrepreneurial Groups (1000 yuan)	初创企业当年获得投融资总额（千元）Amount of Investment Received by Startup Companies (1000 yuan)
合 计 Total	**301**	**284**	**171402**	**2169097**
大 连 Dalian	145	12	2734	3485
宁 波 Ningbo	42	65	19568	235084
厦 门 Xiamen	8	34	6960	485677
青 岛 Qingdao	22	20	65600	164957
深 圳 Shenzhen	84	153	76540	1279894

4-15 计划单列市国家备案众创空间创业团队和企业情况
Statistics of Groups and Startups of National Mass Maker Spaces of the Cities Listed Independently in the State Plan

地 区 Region	创业团队人员数（人）Number of Employment by Entrepreneurial Groups (person)	应届大学毕业生（人）Number of Recruited College Graduates (person)	常驻创业团队拥有有效知识产权数（个）Valid IPRs Held by Tenants (piece)	发明专利数（个）Invention Patents (piece)	新注册企业数（家）Newly Registered Companies (unit)
合 计 Total	**25996**	**3054**	**2883**	**751**	**2179**
大 连 Dalian	6851	692	199	16	528
宁 波 Ningbo	5605	628	664	217	429
厦 门 Xiamen	1729	182	196	30	249
青 岛 Qingdao	4666	571	632	166	415
深 圳 Shenzhen	7145	981	1192	322	558

4-15 续表 continued

地 区	Region	初创企业吸纳就业人数（人）Number of Employment by Startups (person)	应届大学毕业生（人）Number of Recruited College Graduates (person)	常驻初创企业拥有有效知识产权数（个）Valid IPRs Held by Startups (piece)	发明专利数（个）Invention Patents (piece)
合 计	**Total**	**40385**	**3771**	**15009**	**2395**
大 连	Dalian	2826	322	863	75
宁 波	Ningbo	7400	724	1400	334
厦 门	Xiamen	2399	146	580	62
青 岛	Qingdao	7715	501	1374	135
深 圳	Shenzhen	20045	2078	10792	1789

4-16 计划单列市国家备案众创空间收入情况
Income Statistics of National Mass Maker Space of the Cities Listed Independently in the State Plan

单位：千元 (1000 yuan)

地 区	Region	众创空间总收入 Total Income	服务收入 Service Income	房租及物业收入 Rent and Logistics Income	投资收入 Investment Income	财政补贴 Fiscal Subsidy
合 计	**Total**	**822977**	**386211**	**275089**	**49109**	**71758**
大 连	Dalian	62204	9744	28770		20590
宁 波	Ningbo	101791	11234	54826	7334	14517
厦 门	Xiamen	42462	12760	21267	780	6629
青 岛	Qingdao	163450	130300	15260	9637	6485
深 圳	Shenzhen	453070	222173	154967	31357	23537

第五部分

国家大学科技园

The Fifth Part

National University Science Parks

5-1 国家大学科技园主要经济指标

Main Economic Indicators of National University Science Parks

年 份 Year	大学科技园（个） Number of University Science Parks (unit)	场地面积（万平方米） Space Area (10000 sq.m)	在孵企业数（个） Number of Tenants (unit)	当年新孵企业（个） New Tenants of the Year (unit)	在孵企业总收入（亿元） Total Income of Tenants (100 million yuan)	在孵企业人数（万人） Number of Employees of Tenants (10000 persons)	累计毕业企业（个） Accumulated Number of Graduated Tenants (unit)
2004	42	478.4	4978	1120	226.2	6.5	1137
2005	49	500.5	6075	1213	271.9	11.0	1320
2006	62	517.0	6720	1348	295.0	13.6	1794
2007	62	528.3	6574	1359	295.1	12.9	1958
2008	68	698.2	6173	1294	247.2	12.5	2979
2009	76	814.3	6541	1396	498.9	13.9	3673
2010	86	814.5	6617	1858	221.6	12.8	4363
2011	85	766.7	6923	1673	170.5	13.1	5137
2012	94	919.4	7369	1787	206.7	13.2	5715
2013	94	775.9	8204	2028	262.1	14.7	6515
2014	115	801.7	9972	2828	361.2	16.3	7192
2015	115	745.9	10118	2837	277.2	14.6	8219
2016	115	737.8	9861	2573	289.5	13.2	9189
2017	115	793.8	10448	2696	340.0	13.7	9866
2018	115	710.1	10157	2737	325.2	12.8	10876
2019	114	599.6	9483	2820	325.7	12.3	12052
2020	115	570.7	9228	2466	332.9	11.0	13067
2021	139	618.4	10844	3029	407.5	12.5	14845
2022	139	607.2	10621	3033	374.0	11.5	16020
2023	139	614.6	11088	3292	367.7	11.3	17152

5-2 各地区国家大学科技园基本情况

General Statistics of National University Science Parks by Region

地　　区	Region	入统大学科技园数量（个）Number of University Science Parks (unit)	管理机构从业人员总数（人）Total Number of Administration Employees (person)	孵化基金总　额（千元）Total Value of Incubation Fund (1000 yuan)	场地面积（平方米）Space Area (sq.m)
合　　计	**Total**	**139**	**2949**	**6143331**	**6145526**
东部地区	Eastern Region	76	1637	3444960	3203994
中部地区	Middle Region	20	395	399195	1595558
西部地区	Western Region	27	586	2062001	888601
东北地区	Northeast Region	16	331	237176	457373
北　　京	Beijing	16	404	541030	921670
天　　津	Tianjin	1	6		207244
河　　北	Hebei	3	49	47870	113634
山　　西	Shanxi	2	27		36805
内 蒙 古	Inner Mongolia	1	13	1030000	15693
辽　　宁	Liaoning	7	141	81865	170706
吉　　林	Jilin	3	30	5400	104811
黑 龙 江	Heilongjiang	6	160	149911	181856
上　　海	Shanghai	14	336	640818	443458
江　　苏	Jiangsu	20	403	1421500	725892
浙　　江	Zhejiang	7	117	375000	266908
安　　徽	Anhui	2	48	158500	100488
福　　建	Fujian	2	35	50000	39765
江　　西	Jiangxi	4	69	39000	329263
山　　东	Shandong	5	125	262082	274993
河　　南	Henan	4	101	45150	651844
湖　　北	Hubei	5	98	150000	341631
湖　　南	Hunan	3	52	6545	135527
广　　东	Guangdong	6	126	98000	172913
广　　西	Guangxi	1	21	5000	33308
海　　南	Hainan	2	36	8660	37517
重　　庆	Chongqing	3	40	870000	72767
四　　川	Sichuan	7	184	101431	386651
贵　　州	Guizhou	2	28	2570	59991
云　　南	Yunnan	2	77	15000	50753
西　　藏	Xizang				
陕　　西	Shaanxi	4	108	20000	99573
甘　　肃	Gansu	3	51		53208
青　　海	Qinghai	1	20	15000	29790
宁　　夏	Ningxia	1	19		17649
新　　疆	Xinjiang	1	9	3000	9018
新疆兵团	Xinjiang Corps	1	16		60200

5-3 各地区国家大学科技园人员情况

Personnel Distribution of National University Science Parks by Region

单位：人 (person)

地　区	Region	管理机构从业人员总数 Total Number of Administration Employees	博士 Doctor	硕士 Master	研究生学历 Post-graduate	本科 Under-graduate	大专 Junior College	留学回国人员 Returned Overseas Scholars
合　计	**Total**	**2949**	**172**	**910**	**1065**	**1597**	**212**	**125**
东部地区	Eastern Region	1637	97	535	616	878	99	86
中部地区	Middle Region	395	15	99	117	224	51	7
西部地区	Western Region	586	28	151	176	344	40	21
东北地区	Northeast Region	331	32	125	156	151	22	11
北　京	Beijing	404	25	149	174	196	27	27
天　津	Tianjin	6			2	4		
河　北	Hebei	49	6	13	16	29	1	2
山　西	Shanxi	27	3	7	10	14	3	
内蒙古	Inner Mongolia	13		1	1	11	1	1
辽　宁	Liaoning	141	15	59	73	54	14	5
吉　林	Jilin	30	5	9	14	15	1	
黑龙江	Heilongjiang	160	12	57	69	82	7	6
上　海	Shanghai	336	14	85	87	182	44	19
江　苏	Jiangsu	403	32	155	187	206	9	20
浙　江	Zhejiang	117	3	27	30	82	3	9
安　徽	Anhui	48		7	12	31	5	1
福　建	Fujian	35	1	13	14	20	1	
江　西	Jiangxi	69	6	18	24	34	11	
山　东	Shandong	125	6	44	48	65	8	3
河　南	Henan	101	3	31	33	54	14	2
湖　北	Hubei	98		23	23	58	14	2
湖　南	Hunan	52	3	13	15	33	4	2
广　东	Guangdong	126	10	45	54	66	4	4
广　西	Guangxi	21	3	4	2	12		
海　南	Hainan	36		4	4	28	2	2
重　庆	Chongqing	40	1	9	10	28	2	
四　川	Sichuan	184	8	62	70	99	13	11
贵　州	Guizhou	28	4	9	13	11	3	
云　南	Yunnan	77	5	12	17	48		3
西　藏	Xizang							
陕　西	Shaanxi	108	1	32	35	64	5	3
甘　肃	Gansu	51	4	11	13	26	12	
青　海	Qinghai	20		1	1	18	1	
宁　夏	Ningxia	19	2	10	12	7		3
新　疆	Xinjiang	9				8	1	
新疆兵团	Xinjiang Corps	16			2	12	2	

5-4 各地区国家大学科技园孵化场地情况

Incubation Space of National University Science Parks by Region

单位：平方米 (sq.m)

地区	Region	总面积 Total Space Area	办公用房 Space Area for Office	孵化用房 Space Area of Incubation	研发用房 Space Area of R&D	生产用房 Space Area of Manufacturing	其他 Others
合计	**Total**	**6145526**	**151485**	**2958315**	**973573**	**533813**	**1528341**
东部地区	Eastern Region	3203994	75550	1673897	379961	90065	984522
中部地区	Middle Region	1595558	24227	522487	356010	383783	309051
西部地区	Western Region	888601	35990	455599	190347	47632	159033
东北地区	Northeast Region	457373	15718	306332	47255	12333	75735
北京	Beijing	921670	10875	268494	89834		552467
天津	Tianjin	207244	13497	130986	51490	3820	7451
河北	Hebei	113634	4554	78004	12714	9603	8759
山西	Shanxi	36805	5865	24117	2500	2000	2323
内蒙古	Inner Mongolia	15693	786	9573	984		4350
辽宁	Liaoning	170706	8995	118362	17249	8877	17223
吉林	Jilin	104811	2830	61908	3300	600	36173
黑龙江	Heilongjiang	181856	3893	126062	26706	2856	22339
上海	Shanghai	443458	10091	264668	34445	11023	123232
江苏	Jiangsu	725892	21396	527513	77784	47920	51279
浙江	Zhejiang	266908	6696	128562	39657		91993
安徽	Anhui	100488	1502	40046	43731	6384	8825
福建	Fujian	39765	1538	29218	1748		7261
江西	Jiangxi	329263	2869	117180	36322	116340	56552
山东	Shandong	274993	2703	119400	35721	15150	102019
河南	Henan	651844	5252	123429	183487	224771	114905
湖北	Hubei	341631	4244	142917	82946	2940	108584
湖南	Hunan	135527	4495	74797	7024	31348	17863
广东	Guangdong	172913	3340	101223	35754	2549	30048
广西	Guangxi	33308	478	27402	1724	3090	614
海南	Hainan	37517	860	25829	814		10014
重庆	Chongqing	72767	3450	47430	9046	1816	11025
四川	Sichuan	386651	18843	151774	135930	6825	73279
贵州	Guizhou	59991	1925	42833	6718	6190	2325
云南	Yunnan	50753	1494	34245	8011	6500	504
西藏	Xizang						
陕西	Shaanxi	99573	4218	63265	4829	6048	21213
甘肃	Gansu	53208	2165	36086	5844	5541	3572
青海	Qinghai	29790	873	18305	10612		
宁夏	Ningxia	17649	833	6194	6500	4122	
新疆	Xinjiang	9018	561	7257			1200
新疆兵团	Xinjiang Corps	60200	363	11236	150	7500	40951

5-5 各地区国家大学科技园在孵和毕业企业情况

Incubation and Graduated Tenants Statistics of National University Science Parks by Region

地　区 Region	在孵企业（个）Number of Tenants (unit)	当年新孵（个）New Tenants of the Year (unit)	从业人员数（人）Number of Employees (person)	总收入（千元）Total Income (1000 yuan)	工业总产值（千元）Gross Industrial Output Value (1000 yuan)	净利润（千元）Net Profit (1000 yuan)	上缴税金（千元）Taxes Submitted (1000 yuan)	累计毕业企业（个）Accumulated Number of Graduated Enterprises (unit)
合　计 Total	**11088**	**3292**	**113041**	**36769315**	**15214245**	**2706760**	**1613728**	**17152**
东部地区 Eastern Region	6264	1921	64847	22608990	11050909	1540790	1027051	10964
中部地区 Middle Region	1667	456	23211	9007144	1759912	750878	400986	2104
西部地区 Western Region	2059	614	17305	3582889	1680101	229615	147951	2474
东北地区 Northeast Region	1098	301	7678	1570292	723323	185476	37740	1610
北　京 Beijing	1252	316	10634	4826377	3830511	344896	260239	3178
天　津 Tianjin	284	189	1374	215717	60038	14310	6473	29
河　北 Hebei	277	56	4561	399038	121641	46529	15243	512
山　西 Shanxi	103	36	569	39819	7105	7279	1762	131
内蒙古 Inner Mongolia	59	35	758	119455		21978	5988	37
辽　宁 Liaoning	493	122	2857	645399	435535	73204	16066	847
吉　林 Jilin	170	50	1421	331650	77376	74194	4323	197
黑龙江 Heilongjiang	435	129	3400	593243	210411	38079	17351	566
上　海 Shanghai	1147	307	11083	5036996	1457259	65339	174887	1456
江　苏 Jiangsu	1675	500	21683	7615970	3498103	805767	430759	2806
浙　江 Zhejiang	570	182	7879	2200021	749144	149115	67056	1311
安　徽 Anhui	196	78	1676	385403	44692	-10371	26052	323
福　建 Fujian	136	41	1040	241007	94371	-3144	4654	62
江　西 Jiangxi	355	89	5308	1281326	417851	185438	56807	661
山　东 Shandong	364	135	2239	880050	941754	32307	9232	595
河　南 Henan	359	92	6188	1398366	502040	81706	37522	325
湖　北 Hubei	440	118	6259	2563057	455362	220782	118939	479
湖　南 Hunan	214	43	3211	3339173	332862	266045	159904	185
广　东 Guangdong	433	141	3722	1115006	279803	92017	56582	921
广　西 Guangxi	70	13	871	104750	36650	10788	4837	49
海　南 Hainan	126	54	632	78807	18286	-6346	1926	94
重　庆 Chongqing	282	60	1817	248873	85499	17950	4643	438
四　川 Sichuan	567	160	6098	1418389	943340	85096	40293	658
贵　州 Guizhou	176	26	1171	712090	130659	64600	25808	64
云　南 Yunnan	182	53	1418	173375	79779	-11217	17404	206
西　藏 Xizang								
陕　西 Shaanxi	311	150	2539	475167	290842	5750	22412	548
甘　肃 Gansu	172	44	1039	237959	90281	26931	23283	294
青　海 Qinghai	59	25	355	35679	6633	2433	952	32
宁　夏 Ningxia	60	16	385	26369	4923	1867	1038	43
新　疆 Xinjiang	65	7	698	4235	716	827	988	15
新疆兵团 Xinjiang Corps	56	25	156	26550	10778	2612	305	90

5-6　计划单列市国家大学科技园基本情况
General Statistics of National University Science Parks of the Cities Listed Independently in the State Plan

地　区	Region	入统大学科技园数量（个）Number of University Science Parks (unit)	管理机构从业人员总数（人）Total Number of Administration Employees (person)	孵化基金总　额（千元）Total Value of Incubation Fund (1000 yuan)	场地面积（平方米）Space Area (sq.m)
合　计	**Total**	**8**	**170**	**328082**	**245621**
大　连	Dalian	2	32	61000	44520
宁　波	Ningbo	1	10	5000	31000
厦　门	Xiamen	1	22		21427
青　岛	Qingdao	3	64	262082	80674
深　圳	Shenzhen	1	42		68000

5-7　计划单列市国家大学科技园人员情况
Personnel Distribution of National University Science Parks of the Cities Listed Independently in the State Plan

单位：人　　(person)

地　区	Region	管理机构从业人员总数 Total Number of Administration Employees	博士 Doctor	硕士 Master	研究生学历 Post-graduate	本科 Under-graduate	大专 Junior College	留学回国人员 Returned Overseas Scholars
合　计	**Total**	**170**	**16**	**61**	**76**	**81**	**8**	**4**
大　连	Dalian	32	3	14	17	15		2
宁　波	Ningbo	10				10		
厦　门	Xiamen	22	1	7	8	13	1	
青　岛	Qingdao	64	5	24	28	26	6	1
深　圳	Shenzhen	42	7	16	23	17	1	1

5-8 计划单列市国家大学科技园孵化场地情况
Incubation Space of National University Science Parks of the Cities Listed Independently in the State Plan

单位：平方米 (sq.m)

地区	Region	总面积 Total Space Area	办公用房 Space Area for Office	孵化用房 Space Area of Incubation	研发用房 Space Area of R&D	生产用房 Space Area of Manufacturing	其他 Others
合计	**Total**	**245621**	**8777**	**142001**	**35506**	**18527**	**40811**
大连	Dalian	44520	2597	31773	5180	3377	1593
宁波	Ningbo	31000	1993	19035	3180		6792
厦门	Xiamen	21427	1380	13268	1748		5031
青岛	Qingdao	80674	1292	51454	6694	15150	6084
深圳	Shenzhen	68000	1515	26471	18703		21311

5-9 计划单列市国家大学科技园在孵和毕业企业情况
Incubation and Graduated Tenants Statistics of National University Science Parks of the Cities Listed Independently in the State Plan

地区	Region	在孵企业(个) Number of Tenants (unit)	当年新孵(个) New Tenants of the Year (unit)	从业人员数(人) Number of Employees (person)	总收入(千元) Total Income (1000 yuan)	工业总产值(千元) Gross Industrial Output Value (1000 yuan)	净利润(千元) Net Profit (1000 yuan)	上缴税金(千元) Taxes Submitted (1000 yuan)	累计毕业企业(个) Accumulated Number of Graduated Enterprises (unit)
合计	**Total**	**619**	**161**	**4504**	**980165**	**394273**	**-67713**	**27581**	**1163**
大连	Dalian	177	37	974	249458	91593	14016	2295	223
宁波	Ningbo	84	17	783	134240	2379	13966	12471	237
厦门	Xiamen	73	18	503	120993	88434	-3097	2709	46
青岛	Qingdao	198	63	1385	236398	210849	25310	5931	303
深圳	Shenzhen	87	26	859	239076	1019	-117907	4175	354

第六部分

国家火炬软件产业基地

The Sixth Part

National Torch Software Industrial Bases

6-1 软件产业基地主要经济指标
Main Economic Indicators of Software Industrial Bases

年 份 Year	软件产业基地 (个) Number of Software Bases (unit)	基地总人数 (万人) Total Number of Employees (10000 persons)	营业收入① (亿元) Operating Revenue (100 million yuan)	利税总额 (亿元) Total Value of Profits and Taxes (100 million yuan)	出口创汇 (亿美元) Export (100 million USD)
2003	24	31.3	1143.9	132.9	4.8
2004	29	43.6	1638.0	165.4	13.2
2005	32	65.2	3375.0	351.2	48.6
2006	33	77.9	4541.0	432.0	100.0
2007	34	90.2	5213.4	1230.5	78.4
2008	35	106.4	6897.5	884.4	103.5
2009	35	129.3	7677.1	1123.5	100.5
2010	35	148.3	9204.8	1432.5	108.5
2011	38	190.9	13661.8	1926.1	222.8
2012	39	226.8	16950.9	2407.1	273.8
2013	41	264.2	20171.7	3046.3	295.9
2014	41	296.0	23792.0	3611.8	334.1
2015	43	331.6	29410.3	4227.6	348.0
2016	44	354.2	32906.8	4858.3	372.8
2017	44	383.9	39774.7	5615.0	426.9
2018	44	408.8	46423.5	6330.7	548.6
2019	44	483.6	63774.2	8070.3	558.2
2020	44	522.9	73760.5	11303.6	842.7
2021	44	574.4	86959.8	12568.5	986.8
2022	44	594.5	92004.7	12254.3	999.4
2023	44	584.4	106639.1	13393.9	1075.2

注：①2014年报表制度进一步完善指标及定义，取消了“总收入”的指标，增加了“营业收入”的指标，此列2014年前所列数据为软件基地总收入汇总数据。

6-2 软件产业基地场地情况

Space Area of Software Industrial Bases

单位：万平方米 (10000 sq.m)

软件产业基地	Software Industrial Base	规划用地面积 Planned Land Area	现有用地面积 Land Area	现有建筑面积 Building Area	现有孵化面积 Incubation Area
合　计	**Total**	**26768**	**17077**	**9852**	**2603**
东部地区	Eastern Region	15966	10009	5107	1641
中部地区	Middle Region	2049	1811	2011	349
西部地区	Western Region	5017	4097	2261	383
东北地区	Northeast Region	3737	1160	473	230
北　京	Beijing	1406	1241	414	16
天　津	Tianjin	314	86	90	28
河　北	Hebei	57	22	38	23
山　西	Shanxi	100	25	63	49
内蒙古	Inner Mongolia	40	3	3	3
辽　宁	Liaoning	3515	1013	321	122
吉　林	Jilin	196	121	121	77
黑龙江	Heilongjiang	26	26	31	31
上　海	Shanghai	1448	1081	1268	693
江　苏	Jiangsu	4362	2874	936	351
浙　江	Zhejiang	170	112	193	40
安　徽	Anhui	144	60	90	37
福　建	Fujian	1435	577	688	24
江　西	Jiangxi	100	19	57	35
山　东	Shandong	3695	2697	963	155
河　南	Henan	26	26	51	16
湖　北	Hubei	180	181	450	13
湖　南	Hunan	1500	1500	1300	200
广　东	Guangdong	3079	1321	518	311
广　西	Guangxi	7	7	5	3
海　南	Hainan				
重　庆	Chongqing	119	119	407	28
四　川	Sichuan	2000	1200	600	300
贵　州	Guizhou	77	29	45	27
云　南	Yunnan	40	3	10	5
西　藏	Xizang				
陕　西	Shaanxi	2730	2730	1185	11
甘　肃	Gansu	4	5	6	6
青　海	Qinghai				
宁　夏	Ningxia				
新　疆	Xinjiang				
新疆兵团	Xinjiang Corps				

6-3 软件产业基地从业人员情况
Personnel Statistics of Software Industrial Bases

单位：人 (person)

软件产业基地	Software Industrial Base	年末基地总人数 Year End Total Number of Employees of the Base	博士学历 Doctor Degree	硕士学历 Master Degree	本科学历 Bachelor Degree
合　　计	**Total**	**5844140**	**62202**	**755630**	**3748653**
东部地区	Eastern Region	3986640	37803	528773	2442533
中部地区	Middle Region	883599	13585	119388	639535
西部地区	Western Region	741561	9861	87197	498109
东北地区	Northeast Region	232340	953	20272	168476
北　　京	Beijing	1056065	12688	193409	635232
天　　津	Tianjin	52394	350	5299	44326
河　　北	Hebei	21000	210	1024	8950
山　　西	Shanxi	17113	73	984	8693
内 蒙 古	Inner Mongolia	2664	50	208	1866
辽　　宁	Liaoning	174982	504	16176	121516
吉　　林	Jilin	35775	261	2879	31618
黑 龙 江	Heilongjiang	21583	188	1217	15342
上　　海	Shanghai	545090	4905	47058	313539
江　　苏	Jiangsu	507933	7225	44375	367893
浙　　江	Zhejiang	506928	3481	69093	271341
安　　徽	Anhui	69688	670	10133	42854
福　　建	Fujian	134293	384	7721	107340
江　　西	Jiangxi	37478	460	2875	25512
山　　东	Shandong	400166	3401	41513	318378
河　　南	Henan	15374	85	580	10057
湖　　北	Hubei	385319	6285	67551	306558
湖　　南	Hunan	358627	6012	37265	245861
广　　东	Guangdong	762771	5159	119281	375534
广　　西	Guangxi	12855	121	879	10056
海　　南	Hainan				
重　　庆	Chongqing	211909	3065	16803	116590
四　　川	Sichuan	223671	3312	32056	175210
贵　　州	Guizhou	34210	193	745	16763
云　　南	Yunnan	5581	22	131	3304
西　　藏	Xizang				
陕　　西	Shaanxi	243600	3080	36080	169010
甘　　肃	Gansu	7071	18	295	5310
青　　海	Qinghai				
宁　　夏	Ningxia				
新　　疆	Xinjiang				
新疆兵团	Xinjiang Corps				

6-4 软件产业基地软件人员分布情况

Personnel Distribution of Software Industrial Bases

单位：人 (person)

软件产业基地	Software Industrial Base	年末软件从业人数 Number of Employees in Software Companies	有5年以上(含)软件从业经验的人员 The Staff with More than 5 Years Software Experience	软件研发人员 R&D Personnel
合　计	**Total**	**4684184**	**1578389**	**2404047**
东部地区	Eastern Region	3226302	1092075	1505294
中部地区	Middle Region	665238	233676	401216
西部地区	Western Region	600845	199768	385133
东北地区	Northeast Region	191799	52870	112404
北　京	Beijing	1056065	301936	320336
天　津	Tianjin	52330	19740	29385
河　北	Hebei	11035	4744	5616
山　西	Shanxi	7283	2573	3995
内蒙古	Inner Mongolia	2664	1125	812
辽　宁	Liaoning	152179	40017	90215
吉　林	Jilin	23995	6986	12763
黑龙江	Heilongjiang	15625	5867	9426
上　海	Shanghai	286400	84643	148593
江　苏	Jiangsu	438068	152343	152643
浙　江	Zhejiang	492085	148290	374105
安　徽	Anhui	53033	8005	16221
福　建	Fujian	88162	38826	49626
江　西	Jiangxi	20315	6825	12178
山　东	Shandong	318424	125067	208653
河　南	Henan	8320	1675	6322
湖　北	Hubei	360287	111098	270650
湖　南	Hunan	216000	103500	91850
广　东	Guangdong	483733	216486	216337
广　西	Guangxi	12126	2985	10693
海　南	Hainan			
重　庆	Chongqing	116550	35654	67599
四　川	Sichuan	208659	66213	154398
贵　州	Guizhou	26322	6012	14231
云　南	Yunnan	2889	1710	2062
西　藏	Xizang			
陕　西	Shaanxi	228100	84100	132500
甘　肃	Gansu	3535	1969	2838
青　海	Qinghai			
宁　夏	Ningxia			
新　疆	Xinjiang			
新疆兵团	Xinjiang Corps			

6-5 软件产业基地收入情况
Income of Software Industrial Bases

软件产业基地 Software Industrial Base	企业数（家）Number of Enterprises (unit)	营业收入（千元）Operating Revenue (1000 yuan)	软件收入 Software Income	软件产品收入 Software Sales Income	新产品销售收入 New Product Sales Income
合　计 Total	**142223**	**10663909954**	**5650939183**	**1596845881**	**614652555**
东部地区 Eastern Region	75375	8725454680	4074793991	1006537230	385049694
中部地区 Middle Region	47215	683268717	479262020	224593022	108698232
西部地区 Western Region	16792	1096694605	952811057	309819351	108113768
东北地区 Northeast Region	2841	158491953	144072116	55896277	12790862
北　京 Beijing	4051	3188654072	255960250	89521689	13964895
天　津 Tianjin	1435	203723451	192094822	45442386	31725683
河　北 Hebei	730	26017800	16793600	6275360	1252980
山　西 Shanxi	434	11321806	4606057	1615216	529497
内蒙古 Inner Mongolia	221	1474165	1230000	167842	
辽　宁 Liaoning	1481	133735620	129874067	49905709	10575414
吉　林 Jilin	673	12539799	7485411	3036803	851217
黑龙江 Heilongjiang	687	12216534	6712638	2953765	1364231
上　海 Shanghai	25374	696704993	478910446	132837681	71033903
江　苏 Jiangsu	5868	729316046	609290624	108354931	43872655
浙　江 Zhejiang	6090	1084399735	975859086	317259772	76280543
安　徽 Anhui	2041	27572829	18948222	12667614	4476789
福　建 Fujian	3111	317327465	205469170	44418722	23202200
江　西 Jiangxi	1225	43270379	39096112	13736287	2587365
山　东 Shandong	24112	865932828	355537480	105927513	57377313
河　南 Henan	451	10364881	4575200	1700125	435447
湖　北 Hubei	5502	429200822	288424429	178039780	93044134
湖　南 Hunan	37562	161538000	123612000	16834000	7625000
广　东 Guangdong	4604	1613378290	984878513	156499176	66339522
广　西 Guangxi	1023	15620000	12959600	5955060	3705335
海　南 Hainan					
重　庆 Chongqing	6400	102816896	85000000	23800000	3377601
四　川 Sichuan	3583	411865259	395662216	162062632	62310806
贵　州 Guizhou	1541	23252014	18502633	7568546	532658
云　南 Yunnan	120	5281947	5023797	936931	13408
西　藏 Xizang					
陕　西 Shaanxi	3800	529961200	429410200	106512500	37898400
甘　肃 Gansu	104	6423124	5022610	2815840	275560
青　海 Qinghai					
宁　夏 Ningxia					
新　疆 Xinjiang					
新疆兵团 Xinjiang Corps					

6-5 续表 continued

单位：千元 (1000 yuan)

软件产业基地 Software Industrial Base		系统集成收入 System Integration Income	嵌入式系统软件收入 Embeded Software Income	软件技术与信息服务收入 Software Technology and Information Service Income	自主版权软件收入 Own Copyright Software Income
合　计	**Total**	**863485114**	**754171879**	**2436436309**	**3041317389**
东部地区	Eastern Region	665012965	600286171	1802957625	2274780801
中部地区	Middle Region	51100579	96496219	107072199	290376138
西部地区	Western Region	128843505	46001676	468146525	453284848
东北地区	Northeast Region	18528065	11387814	58259961	22875601
北　京	Beijing	43478682	6758316	116201563	145640000
天　津	Tianjin	1782433	637225	144232778	76056755
河　北	Hebei	993960	5414150	4110130	7104240
山　西	Shanxi	1208774	407844	1374222	516069
内蒙古	Inner Mongolia	102138		960020	
辽　宁	Liaoning	15682003	9059306	55227050	16202568
吉　林	Jilin	1460098	1152123	1836387	4477412
黑龙江	Heilongjiang	1385964	1176385	1196524	2195621
上　海	Shanghai	83165908	88753256	174153601	301141917
江　苏	Jiangsu	41279998	149405959	310249735	505279386
浙　江	Zhejiang	180887286	100174017	377538011	652723354
安　徽	Anhui	3627883	1028977	1623748	583627
福　建	Fujian	38736213	14824536	107489699	131857690
江　西	Jiangxi	8890437	4117766	12351622	15528653
山　东	Shandong	159914900	43528379	46166687	266739986
河　南	Henan	796000	1100350	978725	3676368
湖　北	Hubei	32141485	43250282	34992882	216245422
湖　南	Hunan	4436000	46591000	55751000	53826000
广　东	Guangdong	114773585	190790333	522815420	188237473
广　西	Guangxi	1623020	1763100	3618420	763210
海　南	Hainan				
重　庆	Chongqing	6800000	4250000	50150000	27200000
四　川	Sichuan	12570334	4083583	216945668	230823354
贵　州	Guizhou	3509425	1766532	5658130	1199065
云　南	Yunnan	3300027		786839	337
西　藏	Xizang				
陕　西	Shaanxi	99651200	34011400	189235100	191891200
甘　肃	Gansu	1287362	127061	792348	1407682
青　海	Qinghai				
宁　夏	Ningxia				
新　疆	Xinjiang				
新疆兵团	Xinjiang Corps				

6-6 软件产业基地出口和利税情况
Export Profit and Taxes of Software Industrial Bases

单位：千元 (1000 yuan)

软件产业基地	Software Industrial Base	出口总额 Export	软件出口额 Software Export	净利润 Net Profit	实际上缴税额 Taxes Submitted	减免税总额 Taxes Relief
合　计	**Total**	**757678286**	**354389354**	**930278228**	**409114155**	**154401965**
东部地区	Eastern Region	530432892	282834950	739889477	331622393	123188589
中部地区	Middle Region	19779208	15804647	46757797	27175651	12829382
西部地区	Western Region	183210635	37565850	138099592	44493307	16636750
东北地区	Northeast Region	24255552	18183906	5531362	5822804	1747244
北　京	Beijing	16870000	870000	350562226	127405703	55382744
天　津	Tianjin	1984762	1622182	15841244	9896569	1650606
河　北	Hebei	115900	49650	834590	705000	429400
山　西	Shanxi	19523	1523	872883	522821	205360
内蒙古	Inner Mongolia	17748	2235	79313	57280	23680
辽　宁	Liaoning	22706012	17890213	4098311	4704211	1450454
吉　林	Jilin	232781	192856	967215	704835	212865
黑龙江	Heilongjiang	1316759	100837	465836	413758	83925
上　海	Shanghai	18439188	14373679	43124514	18119216	4073900
江　苏	Jiangsu	138352757	32850976	68160188	41884461	4727588
浙　江	Zhejiang	118257669	109652685	92003328	59478979	20136444
安　徽	Anhui	182367	26789	3387924	1829283	371263
福　建	Fujian	23997515	8577434	14417550	7067562	3292692
江　西	Jiangxi	1156482	1065246	2988547	2319856	242564
山　东	Shandong	44786650	1589057	31849316	16809389	5757281
河　南	Henan	30050	24105	1263542	470263	420850
湖　北	Hubei	14767786	11892984	30286901	16251428	10203345
湖　南	Hunan	3623000	2794000	7958000	5782000	1386000
广　东	Guangdong	167628451	113249287	123096521	50255515	27737934
广　西	Guangxi	739620	133131	859210	499840	336100
海　南	Hainan					
重　庆	Chongqing	7624044	559793	8369092	3084507	308451
四　川	Sichuan	156873782	18926926	74270750	18509667	11061592
贵　州	Guizhou	33058	22665	1288702	1325843	125246
云　南	Yunnan	1272		104617	115963	17228
西　藏	Xizang					
陕　西	Shaanxi	17921100	17921100	52652700	20712500	4658400
甘　肃	Gansu	10		475208	187707	106054
青　海	Qinghai					
宁　夏	Ningxia					
新　疆	Xinjiang					
新疆兵团	Xinjiang Corps					

6-7 软件产业基地科技活动经费筹集情况

Science and Technology Activity Funding of Software Industrial Bases

单位：千元 (1000 yuan)

软件产业基地	Software Industrial Base	科技活动经费筹集总额 Science and Technology Activity Funding	企业资金 Enterprise Funds	金融机构贷款 Loans from Financial Institutions	政府部门资金 Government Funds	地方政府资金 Local Government Funds
合　计	**Total**	**976831880**	**547992292**	**57438237**	**43867147**	**30437341**
东部地区	Eastern Region	835954057	465344202	35112682	22803569	15913015
中部地区	Middle Region	53639493	28329684	9513101	6359041	5225937
西部地区	Western Region	78625536	46633220	12615417	14056483	8931739
东北地区	Northeast Region	8612794	7685186	197037	648054	366649
北　京	Beijing	340788621	35000000	15900000	1620000	760000
天　津	Tianjin	12314495	9155213	2163238	996044	996044
河　北	Hebei	2050000	1450000	381200	87470	38600
山　西	Shanxi	927796	817916	16534	20913	17778
内蒙古	Inner Mongolia	124695	59400	51102	13200	13200
辽　宁	Liaoning	7059631	6513850	80477	452812	277885
吉　林	Jilin	855540	550071	53434	183060	85443
黑龙江	Heilongjiang	697623	621265	63126	12182	3321
上　海	Shanghai	40673749	16720883	1820251	7913814	6602227
江　苏	Jiangsu	64951216	43433598	8275201	6130127	4395344
浙　江	Zhejiang	97838557	95820285	599785	1009501	539668
安　徽	Anhui	3287842	2287634	320745	285455	131255
福　建	Fujian	13163138	11452045	919710	452225	285840
江　西	Jiangxi	3748546	2782545	88254	68521	52146
山　东	Shandong	42810481	36142912	3230404	1756235	1486853
河　南	Henan	783400	743000	30100	10300	10300
湖　北	Hubei	24256909	13382589	2482468	4291852	3513458
湖　南	Hunan	20635000	8316000	6575000	1682000	1501000
广　东	Guangdong	221363801	216169266	1822893	2838153	808440
广　西	Guangxi	1218400	760770	85630	372000	218000
海　南	Hainan					
重　庆	Chongqing	13332549	1424295	1098000	7752326	4346974
四　川	Sichuan	16932161	7650148	5483952	2111459	1108106
贵　州	Guizhou	2108974	669752	226698	668952	581921
云　南	Yunnan	274423	248338	9443	6078	4866
西　藏	Xizang					
陕　西	Shaanxi	44210100	35412000	5651000	3127100	2657100
甘　肃	Gansu	424234	408517	9592	5367	1572
青　海	Qinghai					
宁　夏	Ningxia					
新　疆	Xinjiang					
新疆兵团	Xinjiang Corps					

6-8 软件产业基地研发支出情况

Expenditure on R&D of Software Industrial Bases

单位：千元 (1000 yuan)

软件产业基地	Software Industrial Base	科技活动经费支出总额 Expenditure on Science and Technology Activity	研究与试验发展经费支出 Expenditure on R&D	软件研发经费支出 Expenditure on Software R&D	新产品开发经费支出 Expenditure on New Product R&D
合　　计	**Total**	**1026630685**	**492283384**	**353813239**	**229284904**
东部地区	Eastern Region	845883880	348952079	259209484	165561936
中部地区	Middle Region	57762808	41916008	34036930	22421387
西部地区	Western Region	114412337	94337390	55144216	38117522
东北地区	Northeast Region	8571660	7077907	5422609	3184058
北　京	Beijing	340788621	53500000	53500000	27200000
天　津	Tianjin	12314495	12281547	12281547	12281547
河　北	Hebei	1975000	1834870	1556930	1396500
山　西	Shanxi	850515	653376	460007	211671
内蒙古	Inner Mongolia	91597	89297	89297	2300
辽　宁	Liaoning	7222807	5909515	4547945	2688482
吉　林	Jilin	649100	546041	516232	417720
黑龙江	Heilongjiang	699753	622351	358432	77856
上　海	Shanghai	48950887	45104944	42039499	41038222
江　苏	Jiangsu	51839303	50738683	26273259	17615694
浙　江	Zhejiang	59862547	37739629	30489874	6291737
安　徽	Anhui	2912784	2348792	2013942	882638
福　建	Fujian	11945455	10683148	5975199	3985585
江　西	Jiangxi	3415487	3254186	2584971	1122564
山　东	Shandong	41760934	34012514	28452199	20623086
河　南	Henan	783400	738100	298500	164500
湖　北	Hubei	25785622	22367554	18827510	11783014
湖　南	Hunan	24015000	12554000	9852000	8257000
广　东	Guangdong	276446638	103056744	58640977	35129565
广　西	Guangxi	1096560	899179	809261	689445
海　南	Hainan				
重　庆	Chongqing	12406765	7625294	7314523	2916813
四　川	Sichuan	44179462	35609599	19282742	15991602
贵　州	Guizhou	623892	515624	319061	231095
云　南	Yunnan	289838	182792	138011	4176
西　藏	Xizang				
陕　西	Shaanxi	55232000	48981000	26842000	18241800
甘　肃	Gansu	492224	434605	349322	40292
青　海	Qinghai				
宁　夏	Ningxia				
新　疆	Xinjiang				
新疆兵团	Xinjiang Corps				

第七部分

国家火炬特色产业基地

The Seventh Part

National Torch Specialized Industrial Bases

7-1 火炬特色产业基地主要情况
General Statistics of Torch Specialized Industrial Bases

年 份 Year	统计基地数 (个) Number of Torch Industrial Bases with Data (unit)	基地内企业数 (个) Number of Tenant Enterprises (unit)	工业总产值 (亿元) Gross Industrial Output Value (100 million yuan)	总收入 (亿元) Total Income (100 million yuan)	上缴税额 (亿元) Taxes Submitted (100 million yuan)	净利润 (亿元) Net Profit (100 million yuan)	出口创汇 (亿美元) Export (100 million USD)
2003	47	4272	3603.9	3461.5	185.1	239.2	61.2
2004	79	12050	7331.2	7181.0	362.5	465.9	154.2
2005	128	17691	11765.4	11566.2	643.4	711.6	264.3
2006	133	26563	15095.6	15003.9	806.6	938.6	347.2
2007	169	39233	21925.1	22893.4	1053.7	1348.9	578.5
2008	209	49139	29153.0	28716.0	1649.5	2006.4	792.8
2009	235	67990	37183.6	36759.2	2558.5	2712.9	836.1
2010	248	82520	47583.2	47878.5	3472.9	3659.4	1116.1
2011	288	85394	60681.6	61061.4	3606.6	4472.9	1364.6
2012	314	93128	69539.1	68648.3	3844.1	4819.8	1463.7
2013	341	102893	81647.3	76521.4	4407.7	5563.6	1560.3
2014	366	118231	88227.1	85646.0	4996.5	5874.9	1744.1
2015	384	126393	92851.4	91233.1	4889.0	6115.6	1809.5
2016	413	150555	102333.4	100003.2	5514.6	6439.4	1719.1
2017	441	163364	106473.3	104652.1	5793.6	6517.1	1752.2
2018	439	177245	109928.4	108756.8	6052.4	6872.5	1875.6
2019	437	188922	111013.5	112704.0	5962.3	6684.5	1734.7
2020	471	205254	120329.7	127094.9	6035.0	7522.6	1771.8
2021	475	251689	140916.2	141352.0	7255.6	8329.9	2397.5
2022	511	186243	153033.2	161842.8	7239.7	9177.9	2149.4
2023	494	191243	150648.4	158540.3	7105.1	8824.1	1996.7

注：2023年国家火炬特色产业基地数量497家，其中3家未报数据，该部分所有指标为494家基地的汇总数。

7-2 各地区火炬特色产业基地经济指标
Main Economic Indicators of Torch Specialized Industrial Bases by Region

地　区	Region	入统基地数（个）Number of Torch Industrial Bases with Data (unit)	基地内企业数（个）Number of Enterprises (unit)	工业总产值（千元）Gross Industrial Output Value (1000 yuan)	总收入（千元）Total Income (1000 yuan)	上缴税额（千元）Taxes Submmitted (1000 yuan)	净利润（千元）Net Profit (1000 yuan)	出口总额（千元）Export (1000 yuan)
合　计	**Total**	**494**	**191243**	**15064836045**	**15854029454**	**710505530**	**882413607**	**1406996154**
东部地区	Eastern Region	331	144404	10527509469	11090221999	507003853	661157429	1206211564
中部地区	Middle Region	89	27263	2667763884	2681655696	100538962	123683648	100322382
西部地区	Western Region	45	12507	1411645342	1626502160	69288930	71979820	69879515
东北地区	Northeast Region	29	7069	457917350	455649599	33673785	25592710	30582693
北　京	Beijing	1	5088	6789797	63338360	2154740	2398697	1044000
天　津	Tianjin	10	7247	157168700	244104053	7331805	5929902	7101631
河　北	Hebei	12	1827	269290720	432385022	12986850	34290547	16882742
山　西	Shanxi	9	772	57452990	59979335	2381906	3399744	4245105
内蒙古	Inner Mongolia	4	1230	91686642	100549607	4171854	1277790	6746963
辽　宁	Liaoning	14	5444	278070511	280609159	15412685	16516064	19185176
吉　林	Jilin	5	289	40868691	31065450	5353468	5987653	6503088
黑龙江	Heilongjiang	10	1336	138978148	143974990	12907632	3088993	4894429
上　海	Shanghai	10	8306	335881731	536140903	15087907	28135405	40903097
江　苏	Jiangsu	142	25035	4781293934	4761288619	239324236	320495190	429491249
浙　江	Zhejiang	52	17187	1444084632	1525402808	67200632	91859525	240938008
安　徽	Anhui	22	4459	645004977	647797179	23523426	31466507	24806486
福　建	Fujian	9	5981	194100033	164351810	6166136	12029805	39681741
江　西	Jiangxi	8	8421	304736707	298125059	9433541	17630614	12973301
山　东	Shandong	69	11311	1687474340	1721555465	69487283	115516758	152560791
河　南	Henan	16	2000	198745196	214393707	8726093	14145993	5947563
湖　北	Hubei	22	9108	934189363	940485458	23417863	35177073	30261991
湖　南	Hunan	12	2503	527634651	520874958	33056133	21863717	22087936
广　东	Guangdong	26	62422	1651425582	1641654959	87264264	50501600	277608305
广　西	Guangxi	2	149	35159250	50378430	1319132	1050113	423492
海　南	Hainan							
重　庆	Chongqing	6	3587	545641954	524151294	13150763	22079584	27518679
四　川	Sichuan	6	3258	265927999	393723861	16009704	18947545	23233262
贵　州	Guizhou	8	592	63878576	64806718	2618615	3067772	2482618
云　南	Yunnan	5	287	71104208	93691843	3298276	5435014	1065498
西　藏	Xizang							
陕　西	Shaanxi	6	2868	174638551	173606480	14850956	14984445	5664260
甘　肃	Gansu	3	111	70500008	122653441	2928133	2723174	557748
青　海	Qinghai							
宁　夏	Ningxia	2	104	17670904	18244558	678429	1730789	1911802
新　疆	Xinjiang	2	283	74323000	83441607	10133214	585129	271942
新疆兵团	Xinjiang Corps	1	38	1114250	1254321	129854	98465	3251

7-3 各地区火炬特色产业基地人员分布情况

Personnel Distribution of Torch Specialized Industrial Bases by Region

单位：人 (person)

地区	Region	企业从业人员总数 Total Number of Employees	大专以上 College and Higher Level	博士 Doctor	硕士 Master
合计	**Total**	**12589818**	**4548797**	**32231**	**243780**
东部地区	Eastern Region	9383382	3268948	24138	183590
中部地区	Middle Region	2003208	756133	4399	36786
西部地区	Western Region	836469	343740	2708	15931
东北地区	Northeast Region	366759	179976	986	7473
北京	Beijing	49952	30245	153	2236
天津	Tianjin	138000	56057	1023	7019
河北	Hebei	258918	143921	861	6369
山西	Shanxi	70543	25736	106	1573
内蒙古	Inner Mongolia	64206	30317	67	1019
辽宁	Liaoning	188714	89498	642	4254
吉林	Jilin	43820	24695	68	473
黑龙江	Heilongjiang	134225	65783	276	2746
上海	Shanghai	214100	109979	2910	17754
江苏	Jiangsu	3393735	1411670	10798	87477
浙江	Zhejiang	1346614	501393	2498	16769
安徽	Anhui	522689	197205	1181	9499
福建	Fujian	309141	80736	220	2458
江西	Jiangxi	235954	37596	344	1165
山东	Shandong	1439057	583252	3864	28094
河南	Henan	268641	115667	1010	4470
湖北	Hubei	533743	213467	914	9761
湖南	Hunan	371638	166462	844	10318
广东	Guangdong	2233865	351695	1811	15414
广西	Guangxi	21166	9251	29	536
海南	Hainan				
重庆	Chongqing	196354	67946	695	2123
四川	Sichuan	208548	87991	700	4075
贵州	Guizhou	96757	32951	170	2836
云南	Yunnan	31296	13813	194	1375
西藏	Xizang				
陕西	Shaanxi	102451	56011	756	3420
甘肃	Gansu	51148	27589	7	176
青海	Qinghai				
宁夏	Ningxia	12950	5937	54	211
新疆	Xinjiang	45140	8220	25	141
新疆兵团	Xinjiang Corps	6453	3714	11	19

7-4 计划单列市火炬特色产业基地经济指标

Main Economic Indicators of Torch Specialized Industrial Bases of the Cities Listed Independently in the State Plan

地区	Region	入统基地数（个）Number of Torch Industrial Bases with Data (unit)	基地内企业数（个）Number of Enterprises (unit)	工业总产值（千元）Gross Industrial Output Value (1000 yuan)	总收入（千元）Total Income (1000 yuan)	上缴税额（千元）Taxes Submmitted (1000 yuan)	净利润（千元）Net Profit (1000 yuan)	出口总额（千元）Export (1000 yuan)
合计	**Total**	**15**	**2879**	**375955276**	**442834908**	**18462454**	**34858090**	**71682928**
大连	Dalian	3	464	75988837	78355670	2419403	6605413	12155514
宁波	Ningbo	6	1001	193420220	257216928	10626556	16202802	45482027
厦门	Xiamen	2	499	50802304	52047697	3626565	7486665	9229245
青岛	Qingdao	4	915	55743915	55214613	1789930	4563210	4816142
深圳	Shenzhen							

7-5 计划单列市火炬特色产业基地人员分布情况

Personnel Distribution of Torch Specialized Industrial Bases of the Cities Listed Independently in the State Plan

单位：人 (person)

地区	Region	企业从业人员总数 Total Number of Employees	大专以上 College and Higher Level	博士 Doctor	硕士 Master
合计	**Total**	**305416**	**114337**	**882**	**10387**
大连	Dalian	54422	27842	150	2272
宁波	Ningbo	177723	48161	285	2280
厦门	Xiamen	36496	15448	135	1831
青岛	Qingdao	36775	22886	312	4004
深圳	Shenzhen				

第八部分

创新型产业集群

The Eighth Part

Innovative Industrial Clusters

8-1 创新型产业集群主要情况
Main Statistics of Innovative Industrial Clusters

年 份 Year	统计集群数（个） Number of Clusters (unit)	集群内企业数（个） Number of Tenant Enterprises (unit)	营业收入（亿元） Operating Revenue (100 million yuan)	工业总产值（亿元） Gross Industrial Output Value (100 million yuan)	净利润（亿元） Net Profit (100 million yuan)	上缴税费（亿元） Taxes Submitted (100 million yuan)	出口创汇（亿美元） Export (100 million USD)	年末从业人员（万人） Year End Number of Employees (10000 persons)
2014	71	12757	34546.8	31517.5	2902.1	1785.3	1432.8	296.0
2015	71	13322	37382.2	32457.6	2726.3	2245.8	1188.5	289.7
2016	70	13929	40429.9	33835.1	2924.3	2417.1	992.7	336.9
2017	109	20388	52233.7	43442.6	4082.2	3017.6	1210.4	392.7
2018	109	22177	55413.4	45697.7	4568.4	3262.3	1378.9	415.2
2019	109	23638	57396.7	45066.9	4192.6	3074.2	1124.0	419.2
2020	108	25953	62618.3	47032.3	5711.8	2995.0	1249.8	430.8
2021	146	34856	86800.2	65345.4	7557.0	3821.9	1959.1	537.9
2022	193	48397	138409.9	109630.4	11461.7	6268.4	2945.9	784.8
2023	191	52841	146333.9	117805.1	12184.3	6474.2	2894.8	793.5

注：2023年创新型产业集群数量193家，其中2家未报数据，该部分所有指标为191家集群的汇总数。

8-2 创新型产业集群主要经济指标

创新型产业集群	Innovative Industrial Clusters	入统集群数（个）Number of Clusters (unit)	企业总数（个）Number of Enterprises (unit)	高新技术企业数（个）Number of Hi-tech Enterprises (unit)
合　　计	**Total**	**191**	**52841**	**25549**
东部地区	Eastern Region	86	32280	14873
中部地区	Middle Region	51	9597	4527
西部地区	Western Region	38	6221	3605
东北地区	Northeast Region	16	4743	2544
北　　京	Beijing	2	967	564
天　　津	Tianjin	6	3485	1754
河　　北	Hebei	8	1970	975
山　　西	Shanxi	3	331	192
内 蒙 古	Inner Mongolia	1	75	56
辽　　宁	Liaoning	8	4005	2088
吉　　林	Jilin	4	512	283
黑 龙 江	Heilongjiang	4	226	173
上　　海	Shanghai	5	1301	729
江　　苏	Jiangsu	19	7050	2109
浙　　江	Zhejiang	5	1757	1201
安　　徽	Anhui	7	1119	741
福　　建	Fujian	5	1805	1183
江　　西	Jiangxi	8	1024	474
山　　东	Shandong	16	2393	1153
河　　南	Henan	8	879	395
湖　　北	Hubei	16	4283	1929
湖　　南	Hunan	9	1961	796
广　　东	Guangdong	20	11552	5205
广　　西	Guangxi	2	369	241
海　　南	Hainan			
重　　庆	Chongqing	8	1037	632
四　　川	Sichuan	6	2098	1568
贵　　州	Guizhou	2	336	89
云　　南	Yunnan	3	197	103
西　　藏	Xizang			
陕　　西	Shaanxi	9	1771	782
甘　　肃	Gansu	1	85	40
青　　海	Qinghai	3	163	50
宁　　夏	Ningxia			
新　　疆	Xinjiang	3	90	44

Main Economic Statistics of Innovative Industrial Clusters

营业收入（千元） Operating Revenue (1000 yuan)	出口总额（千元） Export (1000 yuan)	净利润（千元） Net Profit (1000 yuan)	上缴税费（千元） Taxes Submitted (1000 yuan)	集群人员总数（人） Total Number of Employees of Clusters (person)
14633390702	**2039867977**	**1218434932**	**647415833**	**7935180**
9202013249	1331867704	760220437	389378150	4532256
2550879223	244481904	168376044	124979893	1652961
2302952483	413921962	243466446	100084824	1236229
577545747	49596407	46372004	32972966	513734
741457178	17372632	75691967	31708813	163056
561193097	27363023	32335255	9686524	230049
576059443	21725276	37885182	26747218	283723
254583120	72560855	2754204	3945803	100540
128611975	15627833	11065207	8561466	39454
344237120	43160080	25012988	14144975	368244
105905514	1932945	17078223	7865362	75784
127403113	4503382	4280793	10962630	69706
280024461	49664542	19944978	10915250	196641
1430584912	138867622	104922926	55828489	718903
806706333	130877227	64561247	46358407	398160
406776589	21081987	29904664	17636142	284558
216915149	11054866	17623748	8459093	211844
369903032	68957496	21976994	8287554	206200
737924540	41736793	70249106	42903538	527579
236046799	10770124	18966134	7800520	160974
667762986	43325515	40719046	17105578	477412
615806697	27785927	54055001	70204297	423277
3851148135	893205725	337006030	156770818	1802301
166817309	16956034	3471834	3934316	81350
514747382	99800286	41844416	13548901	249005
592292899	197200278	63644963	30075612	358393
6928750	20591	375742	312477	12344
72706619	808130	5734218	4242478	36717
550357475	80328465	48858134	24311457	378415
24876385	695321	7059325	1497264	18246
137799188	398331	43934565	7891259	36998
107814501	2086693	17478042	5709593	25307

8-3 创新型产业集群主要科技活动成果情况

创新型产业集群	Innovative Industrial Clusters	研究开发人员合计（人）Total Number of Science and Technology Activists (person)	研究开发费用支出合计（千元）Total Expenditure on Science and Technology Expenses of Enterprises (1000 yuan)
合　计	**Total**	**1940845**	**693590121**
东部地区	Eastern Region	1244071	489345992
中部地区	Middle Region	384712	90348718
西部地区	Western Region	220622	90153679
东北地区	Northeast Region	91440	23741731
北　京	Beijing	94066	16662165
天　津	Tianjin	61572	16397112
河　北	Hebei	102502	9174827
山　西	Shanxi	12379	5228996
内蒙古	Inner Mongolia	3085	365062
辽　宁	Liaoning	68674	15831628
吉　林	Jilin	14131	4981465
黑龙江	Heilongjiang	8635	2928638
上　海	Shanghai	66256	21625730
江　苏	Jiangsu	170156	65181559
浙　江	Zhejiang	124977	65924748
安　徽	Anhui	61993	15668651
福　建	Fujian	44123	11398508
江　西	Jiangxi	44662	12092369
山　东	Shandong	132021	23113631
河　南	Henan	29111	8078662
湖　北	Hubei	113910	23136827
湖　南	Hunan	122657	26143214
广　东	Guangdong	448398	259867711
广　西	Guangxi	13187	5270858
海　南	Hainan		
重　庆	Chongqing	35308	14267915
四　川	Sichuan	83452	36491306
贵　州	Guizhou	5347	244887
云　南	Yunnan	4092	3329886
西　藏	Xizang		
陕　西	Shaanxi	63745	23465920
甘　肃	Gansu	4163	1564398
青　海	Qinghai	2949	1140421
宁　夏	Ningxia		
新　疆	Xinjiang	5294	4013027

Main Results of Science and Technology Activities of Innovative Industrial Clusters

当年授权发明专利 (件) Number of Invention Patents Granted (piece)	拥有有效发明专利 (件) Number of Valid Invention Patents (piece)	拥有注册商标 (件) Trademark in Force (piece)	当年形成国家或行业标准 (项) National or Sector Standards Formed (item)	认定登记的技术合同成交金额 (千元) Determining the Transaction Amount of the Registered Technical Contract (1000 yuan)
111519	**714120**	**494014**	**2631**	**343559617**
86793	562936	386159	1481	218066033
11091	53434	32414	350	43219007
9666	71739	64998	673	49587580
3969	26011	10443	127	32686998
13003	59284	33800	102	19052241
2788	13231	7817	85	10906086
1573	11019	21036	110	2200105
507	3462	1417	27	470283
192	756	215	29	4100
3447	21022	6961	106	27663778
163	2263	2817	9	4633647
359	2726	665	12	389572
2826	18969	18711	72	8904048
5985	43181	19718	151	12614800
9323	81947	36713	226	23233023
2073	11981	8675	47	8178522
2013	7582	30774	28	6624640
1349	7348	4573	35	4330802
3227	20357	12221	212	5441767
980	5817	4722	69	2023625
2098	13049	11309	98	17106633
4084	11777	1718	74	11109142
46055	307366	205369	495	129089323
562	3417	8435	46	542449
646	7474	15328	29	1931558
4542	23520	22560	125	15330660
24	110	95	1	350756
238	1495	7034	14	710722
3073	30987	7993	201	30356386
	2352	1252	187	2964
299	540	1238	13	291290
90	1088	848	28	66695

8-4 创新型产业集群主要服务机构情况

Main Service Organizations of Innovative Industrial Clusters

单位：个 (unit)

创新型产业集群	Innovative Industrial Clusters	国家级科技企业孵化器 Number of State-level Business Incubators	国家级生产力促进中心 Number of State-level Productivity Promotion Center	国家技术转移示范机构 Number of State-level Technology Transfer Center	具有国家级资质产品检验检测机构 Number of State-level Product Inspection and Testing Organziation	研发机构 Number of Research Centers	金融服务机构 Number of Financial Services Institutions	其他服务机构 Number of Other Services Institutions	产业联盟组织数 Numbe of Industry Alliance
合计	**Total**	**510**	**224**	**175**	**294**	**12821**	**5292**	**4031**	**840**
东部地区	Eastern Region	270	77	78	142	7048	3347	2339	239
中部地区	Middle Region	115	83	31	63	2426	795	642	88
西部地区	Western Region	86	44	41	65	1843	736	586	123
东北地区	Northeast Region	39	20	25	24	1504	414	464	390
北京	Beijing	12			1	138	18	28	13
天津	Tianjin	18	23	5	8	407	222	122	35
河北	Hebei	20	8	4	4	373	215	332	19
山西	Shanxi	7	2	2	2	109	69	44	4
内蒙古	Inner Mongolia	3	1	1		40	12	11	4
辽宁	Liaoning	18	14	11	7	1125	284	369	382
吉林	Jilin	16	3	13	16	256	100	87	6
黑龙江	Heilongjiang	5	3	1	1	123	30	8	2
上海	Shanghai	6		3	4	222	104	63	26
江苏	Jiangsu	55	12	15	40	1275	1210	694	54
浙江	Zhejiang	25	6	12	14	746	423	382	12
安徽	Anhui	29	23	7	10	294	74	60	11
福建	Fujian	8	4	6	3	156	76	52	7
江西	Jiangxi	12	20	4	12	294	200	136	11
山东	Shandong	37	7	13	30	628	366	258	35
河南	Henan	20	4	3	20	382	84	90	9
湖北	Hubei	34	25	11	16	938	226	200	23
湖南	Hunan	13	9	4	3	409	142	112	30
广东	Guangdong	89	17	20	38	3103	713	408	38
广西	Guangxi	8	3	2	8	168	30	57	12
海南	Hainan								
重庆	Chongqing	8	5	3	10	558	109	179	28
四川	Sichuan	20	6	10	11	163	124	63	7
贵州	Guizhou	2	10		2	50	34	33	5
云南	Yunnan	6	1	3	3	114	61	21	8
西藏	Xizang								
陕西	Shaanxi	27	13	16	30	529	321	138	49
甘肃	Gansu	4	1			11	5	4	1
青海	Qinghai	3				166	22	60	5
宁夏	Ningxia								
新疆	Xinjiang	5	4	6	1	44	18	20	4

第九部分

全国技术市场

The Ninth Part

Technology Market in China

9-1 全国技术合同成交情况

Statistics of Technology Contract Deals in Domestic Technical Markets

年 份 Year	合同数 (项) Number of Contracts (item)	技术合同交易额 (亿元) Value of Technology Contract Deals (100 million yuan)	交易额占国内生产总值 (%) Value of Technology Contract Deals as a Percentage of Gross Domestic Product (%)
2001	229702	782.0	0.71
2002	237093	884.0	0.73
2003	267997	1084.0	0.93
2004	264638	1334.0	0.98
2005	265010	1551.0	0.85
2006	205845	1818.0	0.87
2007	220868	2226.0	0.80
2008	226343	2665.0	0.89
2009	213752	3039.0	0.91
2010	229601	3906.6	0.98
2011	256428	4763.6	1.01
2012	282242	6437.1	1.24
2013	294929	7469.1	1.31
2014	297037	8577.2	1.35
2015	307132	9835.8	1.45
2016	320437	11407.0	1.53
2017	367586	13424.2	1.62
2018	411985	17697.4	1.97
2019	484077	22398.4	2.26
2020	549353	28251.5	2.78
2021	670506	37294.3	3.26
2022	772507	47791.0	3.95
2023	945946	61475.7	4.88

9-2 技术合同类别构成情况

Technology Contract Distribution by Category

合同类别 Category of Contract	合同数（项） Number of Contracts (item)	合同交易额（亿元） Value of Contract Deals (100 million yuan)	技术交易额（亿元） Value of Technical Deals (100 million yuan)
合计 **Total**	**945946**	**61475.7**	**37155.6**
技术开发 **Technology Development**	**332210**	**17965.1**	**15154.2**
委托开发 Commissioned Development	316372	16168.8	13714.2
合作开发 Cooperated Development	15838	1796.3	1440.0
技术转让 **Technology Transfer**	**36355**	**2815.0**	**2364.7**
技术秘密转让 Technical Secrets Transfer	11017	1717.2	1345.3
专利实施许可转让 Patent License Transfer	3432	223.7	217.9
专利权转让 Patent Right Transfer	17775	590.3	546.5
专利申请权转让 Patent Application Right Transfer	1151	50.0	43.8
计算机软件著作权转让 Computer Software Copyright Transfer	1541	70.1	69.7
集成电路布图设计专有权转让 Integrated Circuit Layout Design Exclusive Right Transfer	10	0.9	0.9
植物新品种权转让 New Species of Plants Patent Right Transfer	722	12.1	11.7
生物、医药新品种权转让 New Species of Biology and Medicine Patent Right Transfer	183	15.5	14.5
设计著作权转让 Design Copyright Transfer	31	1.1	0.7
其他 Other	493	134.1	113.8
技术咨询 **Technology Consultation**	**60468**	**1285.9**	**911.9**
技术服务 **Technology Service**	**506019**	**36896.7**	**17103.3**
一般性技术服务 Normal Technology Service	501764	36792.8	17026.8
技术中介 Technology Intermediary	1656	27.0	21.0
技术培训 Technology Training	2599	76.9	55.6
技术许可 **Technology License**	**10894**	**2513.0**	**1621.5**
专利实施许可 Patent License	7352	1187.2	617.7
技术秘密使用许可 Technical Secrets License	1970	1139.5	833.8
其他技术许可 Other	1572	186.2	170.0

9-3 技术合同知识产权构成情况
Technology Contract Distribution by Intellectual Right

知识产权 Intellectual Right	合同数 (项) Number of Contracts (item)	合同交易额 (亿元) Value of Contract Deals (100 million yuan)	技术交易额 (亿元) Value of Technical Deals (100 million yuan)
合 计	**945946**	**61475.7**	**37155.6**
Total			
技术秘密	**129545**	**9207.4**	**6914.7**
Technology Secrets			
专利	**68582**	**8935.2**	**5113.7**
Patent			
发明专利	42097	5754.5	3403.7
Invention Patent			
实用新型专利	25776	3136.5	1669.4
Utility Mode Patent			
外观设计专利	709	44.2	40.6
Design Patent			
计算机软件	**64258**	**2218.6**	**2096.7**
Computer Software			
植物新品种	**3360**	**45.8**	**33.0**
New Species of Animals and Plants			
集成电路布图设计	**750**	**43.2**	**39.3**
IC Layout Design			
生物、医药新品种	**5547**	**519.3**	**497.0**
New Species of Biology and Medicine			
设计著作权	**4993**	**691.6**	**211.2**
Design Copyright			
未涉及知识产权	**668911**	**39814.3**	**22250.0**
Others			

9-4 技术合同技术领域构成情况

Technology Contract Distribution by Technical Field

技术领域 Technical Field	合同数（项） Number of Contracts (item)	合同交易额（亿元） Value of Contract Deals (100 million yuan)	技术交易额（亿元） Value of Technical Deals (100 million yuan)
合 计 **Total**	**945946**	**61475.7**	**37155.6**
电子信息技术 IT Technology	273096	11985.5	10766.3
航空航天技术 Aviation and Aerospace Technology	13398	1357.3	1173.7
先进制造技术 Advanced Manufacture Technology	166105	11662.0	7189.0
生物、医药和医疗器械技术 Biology,Medicine and Medical Machine Technology	80581	3448.4	2928.9
新材料及其应用 Advanced Material and Application	60469	3855.4	2149.3
新能源与高效节能 New Energy and Power Saving	65949	7072.2	3406.8
环境保护与资源综合利用技术 Environment Protection and Resource Utilization Technology	67350	2904.6	1496.3
核应用技术 Nuclear Application Technology	758	222.7	162.8
农业技术 Agriculture Technology	71198	1686.1	973.8
现代交通 Modern Transportation	22964	4676.3	2060.3
城市建设与社会发展 Urban Construction and Social Development	124078	12605.1	4848.4

9-5 技术合同社会-经济目标构成情况
Technology Contract Distribution by Social and Economic Objectives

经济目标 Economic Objective	合同数 (项) Number of Contracts (item)	合同交易额 (亿元) Value of Contract Deals (100 million yuan)	技术交易额 (亿元) Value of Technical Deals (100 million yuan)
合 计 **Total**	**945946**	**61475.7**	**37155.6**
地球和大气层的探索与利用 Earth and Atmosphere Exploration and Utility	2209	41.1	27.3
非定向研究 Nondirective Research	57429	2460.3	1723.8
工商业发展 Industry Promotion	142285	10943.5	7463.4
国防 Defense	16078	1246.2	1125.2
环境保护、生态建设与污染防治 Environmental Protection，Ecological Building and Pollution Prevention	56461	3303.1	1571.2
基础设施以及城市和农村规划 Infrastructure	45476	8359.6	3348.3
教育事业发展 Education Development	14664	227.8	134.9
民用空间探测及开发 Civil Aerospace Exploration	2229	105.6	97.1
能源的生产、分配和合理利用 Energy Production，Distribution and Application	67008	5836.0	2935.2
农林牧渔业发展 Farming,Forestry and Fishery	68695	1588.5	879.1
其他民用目标 Other Civil Purpose	184023	11148.2	7788.3
社会发展和社会服务 Social Development and Social Service	238067	14375.5	8546.6
卫生事业发展 Sanitation Development	51322	1840.4	1515.1

9-6 技术合同计划项目构成情况

Technology Contract Distribution by Science Program Project

计划类别 Category of Science Program	合同数（项） Number of Contracts (item)	合同交易额（亿元） Value of Contract Deals (100 million yuan)	技术交易额（亿元） Value of Technical Deals (100 million yuan)
合　计 Total	**945946**	**61475.7**	**37155.6**
国家计划 National Science Program	**7566**	**214.9**	**169.6**
高技术研究发展计划(863计划) Hi-Tech Research and Development Program of China	136	4.2	2.9
国际科技合作计划 International S&T Cooperation Program	11	0.4	0.2
国际热核聚变实验堆(ITER)计划专项 ITER Program	1	0.0	0.0
国家科技支撑计划 Key Technologies R&D Program	74	2.5	2.2
国家科技重大专项 National S&T Major Program	696	70.0	47.0
国家农业科技成果转化资金 Agriculture Science and Technology Achievement Transform Fund	11	0.3	0.1
国家软科学研究计划 National Soft Science Research Program	5	0.0	0.0
国家重点新产品计划 National New Product Program	61	3.2	2.2
火炬计划 Torch Program	51	1.8	1.6
基础研究计划(973计划)和国家重大科学研究计划 National Basic Research Program and National Major Scientific Research Program of China	161	7.7	4.6
科技富民强县专项行动计划 S&T Program for County and Farmer Enrichment	1	0.0	0.0
科技惠民计划 S&T Program for Public Wellbeing	9	0.1	0.1
科技基础条件平台建设 S&T Infrastructure Program	25	3.7	2.3
科技型中小企业技术创新基金 Innovation Fund for Technology-Based Small and Medium Size Enterprises	72	3.8	2.5
科研院所技术开发研究专项资金 Special Technology Development Project for Research Institutions	39	0.3	0.2
其他 Other	793	81.6	69.2
星火计划 Spark Program	15	0.1	0.1
自然科学基金 Natural Science Fund	5405	35.1	34.3
科技兴贸行动计划 Action Plan for Promoting Trade through S&T			
部门计划 Science Program at Ministerial Level	**10575**	**732.3**	**443.7**
省、自治区、直辖市及计划单列市计划 Provincial Level Science Program	**31597**	**3026.3**	**1074.5**
地市县计划 Region Level Science Program	**93051**	**5689.7**	**2092.8**
师市、院校计划 Devision and University Science Program	**1949**	**58.6**	**43.9**
计划外 Others not Supported by Program	**801208**	**51753.9**	**33331.0**

9-7 卖方机构构成及交易情况

Technology Contract Distribution by Technology Seller

卖方类别 Category of Technology Seller	机构数（个） Number of Seller (unit)	合同数（项） Number of Contracts (item)	成交金额（亿元） Value of Contract Deals (100 million yuan)	技术交易额（亿元） Value of Technical Deals (100 million yuan)
合 计 **Total**	**109924**	**945946**	**61475.7**	**37155.6**
机关法人 Governments	**315**	**2533**	**198.6**	**73.8**
事业法人 Public Organizations	**5220**	**286193**	**3125.6**	**2773.1**
科研机构 Research Institutes	2326	95399	1746.6	1629.3
高等院校 Higher Education	1138	159464	974.1	898.5
医疗、卫生 Medical and Sanitation	469	8454	61.9	43.8
其他 Other	1287	22876	343.1	201.5
社团法人 **Social Organization**	**321**	**2294**	**112.4**	**100.7**
企业法人 **Enterprises**	**101944**	**647057**	**57543.4**	**33853.4**
内资企业 Domestic Funded Enterprises	93761	609732	50923.3	28963.1
港澳台商投资企业 Enterprises with Funds from Hongkong, Macao and Taiwan	1224	7203	1308.0	1163.2
外商投资企业 Foreign Funded Enterprises	2057	14560	2315.4	1954.3
个体经营 Private Enterprises	3086	10997	400.6	275.0
境外企业 Overseas Enterprises	1816	4565	2596.1	1497.8
自然人 **Natural Person**	**1388**	**3687**	**178.9**	**133.2**
其他组织 **Other Organizations**	**736**	**4182**	**316.7**	**221.4**

9-8 买方机构构成及交易情况

Technology Contract Distribution by Technology Buyer

买方类别 Category of Technology Buyer	合同数 (项) Number of Contracts (item)	合同交易额 (亿元) Value of Contract Deals (100 million yuan)	技术交易额 (亿元) Value of Technical Deals (100 million yuan)
合 计 **Total**	**945946**	**61475.7**	**37155.6**
机关法人 **Governments**	**126256**	**6862.0**	**2438.2**
事业法人 **Public Organizations**	**100302**	**2838.7**	**1922.4**
科研机构 Research Institutes	30896	869.2	815.5
高等院校 Higher Education	20691	203.0	143.7
医疗卫生 Medical and Sanitation	10826	248.0	101.7
其他 Other	37889	1518.6	861.5
社团法人 **Social Organizations**	**2782**	**52.1**	**39.0**
企业法人 **Enterprises**	**696450**	**50285.7**	**31754.7**
内资企业 Domestic Funded Enterprises	654812	43285.9	26526.3
港澳台商投资企业 Enterprises with Funds from Hongkong, Macao and Taiwan	9081	1146.2	925.1
外商投资企业 Foreign Funded Enterprises	16711	2534.6	1596.8
个体经营 Private Enterprises	11442	301.3	231.6
境外企业 Overseas Enterprises	4404	3017.7	2474.8
自然人 **Natural Person**	**9986**	**124.4**	**73.5**
其他组织 **Other Organizations**	**10170**	**1312.8**	**927.9**

9-9 大额技术合同构成情况
Key Technology Contract Composition

构成 Composition	合同数 (项) Number of Contracts (item)	成交金额 (亿元) Value of Contract Deals (100 million yuan)
一、合同类别 **Category of Contracts**		
合 计 Total	**51111**	**48322.4**
技术服务 Technology Service	24914	30241.4
技术开发 Technology Development	20309	12602.0
技术转让 Technology Transfer	3533	2246.8
技术咨询 Technology Consultation	1202	811.6
技术许可 Technology License	1153	2420.6
二、技术领域 **Technical Field**		
合 计 Total	**51111**	**48322.4**
电子信息技术 IT Technology	11389	8952.8
先进制造技术 Advanced Manufacture	12490	7552.2
新能源与高效节能 New Energy and Energy Saving	4780	6206.9
现代交通 Modern Transportation	1702	4427.9
环境保护与资源综合利用技术 Environment Protection and Resource Comprehensive Utilization	2807	2238.4
新材料及其应用 Advanced Material and Application	4712	2778.5
生物、医药和医疗器械技术 Biology,Medicine and Medical Machine	3440	2460.5
城市建设与社会发展 Urban construction and Social Development	6691	11487.3
农业技术 Agriculture Technology	1962	817.7
航空航天技术 Aviation and Aerospace Technology	1073	1186.6
核应用技术 Nuclear Application Technology	65	213.6
三、知识产权 **Intellectual Right**		
合 计 Total	**51111**	**48322.4**
技术秘密 Technology Secrets	8406	7351.7
专利 Patents	6482	8063.1
计算机软件 Computer Software	2498	1500.5
植物新品种 New Species of Plants and Animals	81	23.3
集成电路布图设计 IC Layout Design	103	30.9
生物、医药新品种 New Species of Biology and Medical	442	435.2
设计著作权 Design Copyright	285	640.5
未涉及知识产权 Other	32814	30277.2

注：本表大额技术市场合同指认定登记的技术合同成交金额为1000万元及以上的合同。

9-10 各省、自治区、直辖市技术合同登记情况
Technology Contract Distribution by Region

地 区	Region	合同数 (项) Number of Contracts (item)	成交金额 (亿元) Value of Contract Deals (100 million yuan)	排名 Ranking
合 计	**Total**	**945946**	**61475.7**	
北 京	Beijing	106552	8536.9	1
天 津	Tianjin	15107	1957.4	11
河 北	Hebei	22613	1789.9	13
山 西	Shanxi	1751	224.0	22
内蒙古	Inner Mongolia	2219	61.7	27
辽 宁	Liaoning	26490	1308.3	16
吉 林	Jilin	5624	99.3	24
黑龙江	Heilongjiang	7657	117.5	23
上 海	Shanghai	50824	4850.2	2
江 苏	Jiangsu	93684	4607.3	5
浙 江	Zhejiang	76010	4616.0	4
安 徽	Anhui	30762	3670.0	10
福 建	Fujian	21175	375.5	20
江 西	Jiangxi	17081	1595.7	14
山 东	Shandong	71855	4602.3	6
河 南	Henan	24905	1367.4	15
湖 北	Hubei	98844	4802.2	3
湖 南	Hunan	55295	3995.3	9
广 东	Guangdong	49604	4438.1	7
广 西	Guangxi	3929	89.6	25
海 南	Hainan	3263	53.3	28
重 庆	Chongqing	11281	865.1	17
四 川	Sichuan	28396	1951.6	12
贵 州	Guizhou	11536	491.1	18
云 南	Yunnan	14179	269.4	21
西 藏	Xizang	304	17.8	31
陕 西	Shaanxi	69723	4121.0	8
甘 肃	Gansu	14148	468.1	19
青 海	Qinghai	1515	19.3	30
宁 夏	Ningxia	4149	40.5	29
新 疆	Xinjiang	5471	73.6	26

9-11 各省、自治区、直辖市技术交易情况
Technology Trade Statistics by Region

地　区	Region	输出技术 Technology Output		吸纳技术 Technology Adoption	
		合同数（项） Number of Contracts (item)	成交金额（亿元） Value of Contract Deals (100 million yuan)	合同数（项） Number of Contracts (item)	成交金额（亿元） Value of Contract Deals (100 million yuan)
合　计	**Total**	**945946**	**61475.7**	**945946**	**61475.7**
北　京	Beijing	106552	8536.9	81054	5024.7
天　津	Tianjin	14854	1928.6	12939	1009.9
河　北	Hebei	22553	1783.1	24272	2029.7
山　西	Shanxi	1740	223.9	7754	413.7
内蒙古	Inner Mongolia	2215	61.0	8011	654.7
辽　宁	Liaoning	26159	1289.1	22911	1090.5
吉　林	Jilin	5555	84.0	8034	295.6
黑龙江	Heilongjiang	7652	112.9	9340	256.1
上　海	Shanghai	50246	4642.3	51955	2362.8
江　苏	Jiangsu	93004	3331.0	87782	5347.8
浙　江	Zhejiang	75361	4323.7	78866	4562.4
安　徽	Anhui	30697	3597.6	35216	3521.5
福　建	Fujian	20938	329.0	22431	718.9
江　西	Jiangxi	16978	1584.9	19171	1595.4
山　东	Shandong	71591	4554.7	68462	4592.1
河　南	Henan	24863	1362.6	25279	1370.1
湖　北	Hubei	98452	4771.2	88861	3760.1
湖　南	Hunan	55268	3989.8	45325	3126.7
广　东	Guangdong	48256	3866.8	73507	5958.1
广　西	Guangxi	3907	88.9	8257	645.8
海　南	Hainan	3259	52.6	5555	360.4
重　庆	Chongqing	11234	718.5	12559	883.1
四　川	Sichuan	28331	1942.1	30561	1840.2
贵　州	Guizhou	11522	482.0	13624	708.4
云　南	Yunnan	14152	268.9	16778	620.6
西　藏	Xizang	302	8.2	1642	85.5
陕　西	Shaanxi	69716	4118.5	44480	2245.8
甘　肃	Gansu	14139	464.8	13764	1021.8
青　海	Qinghai	1515	19.3	3425	197.5
宁　夏	Ningxia	4148	40.3	6661	143.5
新　疆	Xinjiang	5471	73.6	11372	956.7
香　港	Hongkong	295	116.4	1489	452.4
台　湾	Taiwan	325	128.6	169	7.9
澳　门	Macao	14	1.1	64	33.9
国　外	Overseas	4682	2578.9	4376	3581.3

9-12 计划单列市技术交易情况
Technology Trade Statistics of the Cities Listed Independently in the State Plan

地 区	Region	输出技术 Technology Output			吸纳技术 Technology Adoption		
		合同数（项）Number of Contracts (item)	成交金额（亿元）Value of Contract Deals (100 million yuan)	排名 Ranking	合同数（项）Number of Contracts (item)	成交金额（亿元）Value of Contract Deals (100 million yuan)	排名 Ranking
合 计	**Total**	**47100**	**3302.1**		**59254**	**4526.2**	
大 连	Dalian	8846	490.4	4	7477	166.9	4
宁 波	Ningbo	5378	802.7	2	8863	790.6	2
厦 门	Xiamen	7814	162.7	5	6055	154.1	5
青 岛	Qingdao	8534	616.8	3	8265	633.3	3
深 圳	Shenzhen	16528	1229.6	1	28594	2781.4	1

9-13 副省级城市技术交易情况
Technology Trade Statistics of the Deputy Provincial Level Cities

地 区	Region	输出技术 Technology Output			吸纳技术 Technology Adoption		
		合同数（项）Number of Contracts (item)	成交金额（亿元）Value of Contract Deals (100 million yuan)	排名 Ranking	合同数（项）Number of Contracts (item)	成交金额（亿元）Value of Contract Deals (100 million yuan)	排名 Ranking
合 计	**Total**	**247229**	**13776.4**		**170401**	**8264.7**	
沈 阳	Shenyang	12687	634.6	8	8303	316.8	8
长 春	Changchun	4578	74.1	9	5999	186.8	9
哈尔滨	Harbin	5171	50.6	10	4674	80.1	10
南 京	Nanjing	35464	971.3	6	23866	1044.7	4
杭 州	Hangzhou	30709	1187.8	5	26780	1198.5	3
武 汉	Wuhan	34367	2172.1	3	20651	829.7	6
济 南	Jinan	19690	894.1	7	13732	795.3	7
广 州	Guangzhou	19883	2382.2	2	19064	1426.0	2
成 都	Chengdu	20319	1509.6	4	18062	951.9	5
西 安	Xi'an	64361	3900.1	1	29270	1434.7	1

9-14 东部地区技术交易情况
Technology Trade Statistics of the Eastern Region

地区	Region	输出技术 Technology Output			吸纳技术 Technology Adoption		
		合同数（项） Number of Contracts (item)	成交金额（亿元） Value of Contract Deals (100 million yuan)	排名 Ranking	合同数（项） Number of Contracts (item)	成交金额（亿元） Value of Contract Deals (100 million yuan)	排名 Ranking
合　计	**Total**	**506614**	**33348.7**		**506823**	**31966.9**	
北　京	Beijing	106552	8536.9	1	81054	5024.7	3
天　津	Tianjin	14854	1928.6	7	12939	1009.9	8
河　北	Hebei	22553	1783.1	8	24272	2029.7	7
上　海	Shanghai	50246	4642.3	2	51955	2362.8	6
江　苏	Jiangsu	93004	3331.0	6	87782	5347.8	2
浙　江	Zhejiang	75361	4323.7	4	78866	4562.4	5
福　建	Fujian	20938	329.0	9	22431	718.9	9
山　东	Shandong	71591	4554.7	3	68462	4592.1	4
广　东	Guangdong	48256	3866.8	5	73507	5958.1	1
海　南	Hainan	3259	52.6	10	5555	360.4	10

9-15 中部地区技术交易情况
Technology Trade Statistics of the Middle Region

地区	Region	输出技术 Technology Output			吸纳技术 Technology Adoption		
		合同数（项） Number of Contracts (item)	成交金额（亿元） Value of Contract Deals (100 million yuan)	排名 Ranking	合同数（项） Number of Contracts (item)	成交金额（亿元） Value of Contract Deals (100 million yuan)	排名 Ranking
合　计	**Total**	**227998**	**15529.9**		**221606**	**13787.4**	
湖　北	Hubei	98452	4771.2	1	88861	3760.1	1
安　徽	Anhui	30697	3597.6	3	35216	3521.5	2
湖　南	Hunan	55268	3989.8	2	45325	3126.7	3
河　南	Henan	24863	1362.6	5	25279	1370.1	5
江　西	Jiangxi	16978	1584.9	4	19171	1595.4	4
山　西	Shanxi	1740	223.9	6	7754	413.7	6

9-16 西部地区技术交易情况
Technology Trade Statistics of the Western Region

地区	Region	输出技术 Technology Output			吸纳技术 Technology Adoption		
		合同数（项） Number of Contracts (item)	成交金额（亿元） Value of Contract Deals (100 million yuan)	排名 Ranking	合同数（项） Number of Contracts (item)	成交金额（亿元） Value of Contract Deals (100 million yuan)	排名 Ranking
合　计	**Total**	**166652**	**8286.1**		**171134**	**10003.6**	
重　庆	Chongqing	11234	718.5	3	12559	883.1	5
内蒙古	Inner Mongolia	2215	61.0	9	8011	654.7	7
四　川	Sichuan	28331	1942.1	2	30561	1840.2	2
陕　西	Shaanxi	69716	4118.5	1	44480	2245.8	1
云　南	Yunnan	14152	268.9	6	16778	620.6	9
甘　肃	Gansu	14139	464.8	5	13764	1021.8	3
新　疆	Xinjiang	5471	73.6	8	11372	956.7	4
青　海	Qinghai	1515	19.3	11	3425	197.5	10
贵　州	Guizhou	11522	482.0	4	13624	708.4	6
广　西	Guangxi	3907	88.9	7	8257	645.8	8
宁　夏	Ningxia	4148	40.3	10	6661	143.5	11
西　藏	Xizang	302	8.2	12	1642	85.5	12

9-17 东北地区技术交易情况
Technology Trade Statistics of the Northeast Region

地区	Region	输出技术 Technology Output			吸纳技术 Technology Adoption		
		合同数（项） Number of Contracts (item)	成交金额（亿元） Value of Contract Deals (100 million yuan)	排名 Ranking	合同数（项） Number of Contracts (item)	成交金额（亿元） Value of Contract Deals (100 million yuan)	排名 Ranking
合　计	**Total**	**39366**	**1486.0**		**40285**	**1642.2**	
辽　宁	Liaoning	26159	1289.1	1	22911	1090.5	1
黑龙江	Heilongjiang	7652	112.9	2	9340	256.1	3
吉　林	Jilin	5555	84.0	3	8034	295.6	2

9-18 环渤海地区技术交易情况
Technology Trade Statistics of the Bohai Sea Rim Region

地区	Region	输出技术 Technology Output			吸纳技术 Technology Adoption		
		合同数（项） Number of Contracts (item)	成交金额（亿元） Value of Contract Deals (100 million yuan)	排名 Ranking	合同数（项） Number of Contracts (item)	成交金额（亿元） Value of Contract Deals (100 million yuan)	排名 Ranking
合 计	**Total**	**245664**	**18377.2**		**225403**	**14815.3**	
北 京	Beijing	106552	8536.9	1	81054	5024.7	1
辽 宁	Liaoning	26159	1289.1	5	22911	1090.5	4
天 津	Tianjin	14854	1928.6	3	12939	1009.9	5
山 东	Shandong	71591	4554.7	2	68462	4592.1	2
内蒙古	Inner Mongolia	2215	61.0	7	8011	654.7	6
河 北	Hebei	22553	1783.1	4	24272	2029.7	3
山 西	Shanxi	1740	223.9	6	7754	413.7	7

9-19 长三角地区技术交易情况
Technology Trade Statistics of the Yangzi River Delta Region

地区	Region	输出技术 Technology Output			吸纳技术 Technology Adoption		
		合同数（项） Number of Contracts (item)	成交金额（亿元） Value of Contract Deals (100 million yuan)	排名 Ranking	合同数（项） Number of Contracts (item)	成交金额（亿元） Value of Contract Deals (100 million yuan)	排名 Ranking
合 计	**Total**	**249308**	**15894.6**		**204574**	**12825.7**	
上 海	Shanghai	50246	4642.3	1	37926	1919.3	4
江 苏	Jiangsu	93004	3331.0	4	85284	5125.3	1
浙 江	Zhejiang	75361	4323.7	2	49596	3111.5	2
安 徽	Anhui	30697	3597.6	3	31768	2669.6	3

9-20 粤港澳大湾区技术交易情况
Technology Trade Statistics of the Pearl River Delta Region

地 区	Region	输出技术 Technology Output			吸纳技术 Technology Adoption		
		合同数（项）Number of Contracts (item)	成交金额（亿元）Value of Contract Deals (100 million yuan)	排名 Ranking	合同数（项）Number of Contracts (item)	成交金额（亿元）Value of Contract Deals (100 million yuan)	排名 Ranking
合 计	**Total**	**46078**	**3967.6**		**69602**	**5931.4**	
广 州	Guangzhou	19883	2382.2	1	19064	1426.0	2
深 圳	Shenzhen	16528	1229.6	2	28594	2781.4	1
珠 海	Zhuhai	692	72.4	4	2130	141.5	6
佛 山	Foshan	5326	12.9	9	7113	131.2	7
惠 州	Huizhou	1114	34.8	6	1839	107.7	8
东 莞	Dongguan	387	71.0	5	5903	518.9	3
中 山	Zhongshan	606	21.3	7	1334	248.9	5
江 门	Jiangmen	1094	18.9	8	1552	57.1	9
肇 庆	Zhaoqing	139	6.8	10	520	32.2	11
香 港	Hong Kong	295	116.4	3	1489	452.4	4
澳 门	Macao	14	1.1	11	64	33.9	10

第十部分

国家技术转移机构

The Tenth Part

National Technology Transfer Centers

10-1 各地区国家技术转移机构法人构成情况
Distribution of Organization Type of National Technology Transfer Centers by Region

单位：个 (unit)

地区	Region	机构总数① Number of National Technology Transfer Centers	企业法人 Number of Enterprises	事业法人 Number of Public Organizations	社团法人 Number of Social Organizations	民办非企业 Number of Private Non-enterprise Organizations	内设机构 Number of Internal Organizations
合计	**Total**	**384**	**182**	**106**	**1**	**6**	**89**
东部地区	Eastern Region	218	109	49		3	57
中部地区	Middle Region	48	20	19			9
西部地区	Western Region	82	38	30	1	3	10
东北地区	Northeast Region	36	15	8			13
北京	Beijing	48	27	6		1	14
天津	Tianjin	10	3	3			4
河北	Hebei	11	3	2			6
山西	Shanxi	5	1	3			1
内蒙古	Inner Mongolia	2	2				
辽宁	Liaoning	15	8	3			4
吉林	Jiling	10	3	1			6
黑龙江	Heilongjiang	11	4	4			3
上海	Shanghai	23	14	3			6
江苏	Jiangsu	43	19	10			14
浙江	Zhejiang	24	12	9			3
安徽	Anhui	12	4	6			2
福建	Fujian	8	4	3			1
江西	Jiangxi	4	3				1
山东	Shandong	23	13	5			5
河南	Henan	6	3	3			
湖北	Hubei	17	7	7			3
湖南	Hunan	4	2				2
广东	Guangdong	28	14	8		2	4
广西	Guangxi	6	2	3		1	
海南	Hainan						
重庆	Chongqing	7	1	4	1		1
四川	Sichuan	21	9	6		2	4
贵州	Guizhou	1		1			
云南	Yunnan	6	4	1			1
西藏	Xizang						
陕西	Shaanxi	19	11	6			2
甘肃	Gansu	7	5	2			
青海	Qinghai	3	1	2			
宁夏	Ningxia						
新疆	Xinjiang	10	3	5			2

注：①本书中涉及国家技术转移示范机构相关统计数据来源于国家技术转移示范机构填报的有效数据；此统计数据包含5个计划单列市。

10-2 各地区国家技术转移机构人员构成情况
Personnel Statistics of National Technology Transfer Centers by Region

单位：人 (person)

地区	Region	总人数 Total Number of Employees	大学本科及以上 With University Education and Above	硕士以上 With Postgraduate and Above	中级职称及以上 With Mid-level Professional Titles and Above	高级职称 Higt-level Professional Title	技术经纪人 Number of Private Non-enterprise Organization
合　计	**Total**	**46841**	**15034**	**21200**	**11232**	**12342**	**5112**
东部地区	Eastern Region	28133	8947	10719	5224	5753	3213
中部地区	Middle Region	6547	1650	4295	2101	2578	467
西部地区	Western Region	10350	3864	5173	3315	3378	1071
东北地区	Northeast Region	1811	573	1013	592	633	361
北　京	Beijing	4141	1226	2431	1164	1375	413
天　津	Tianjin	679	292	350	251	237	107
河　北	Hebei	2776	306	125	171	239	137
山　西	Shanxi	773	263	441	274	269	61
内蒙古	Inner Mongolia	58	25	5	10	3	16
辽　宁	Liaoning	903	187	588	321	341	158
吉　林	Jiling	518	222	250	163	193	80
黑龙江	Heilongjiang	390	164	175	108	99	123
上　海	Shanghai	3078	1301	1246	594	694	261
江　苏	Jiangsu	4709	1208	2876	1174	1723	816
浙　江	Zhejiang	4604	1530	956	581	347	752
安　徽	Anhui	668	283	326	218	145	90
福　建	Fujian	274	82	59	58	38	83
江　西	Jiangxi	161	26	108	36	72	33
山　东	Shandong	2553	772	1124	631	474	348
河　南	Henan	176	100	46	65	42	72
湖　北	Hubei	4665	955	3296	1473	2040	181
湖　南	Hunan	104	23	78	35	10	30
广　东	Guangdong	5319	2230	1552	600	626	296
广　西	Guangxi	713	343	71	282	116	68
海　南	Hainan						
重　庆	Chongqing	745	264	368	250	276	69
四　川	Sichuan	1318	567	559	412	317	319
贵　州	Guizhou	20	2	17	3	9	8
云　南	Yunnan	427	196	182	144	106	77
西　藏	Xizang						
陕　西	Shaanxi	4050	933	2816	1237	1643	284
甘　肃	Gansu	1453	896	397	484	296	77
青　海	Qinghai	326	109	191	78	134	72
宁　夏	Ningxia						
新　疆	Xinjiang	1240	529	567	415	478	81

统计说明：
此统计数据包含5个计划单列市
东部地区：北京市、天津市、河北省、上海市、江苏省、浙江省、福建省、山东省、广东省、海南省
东北地区：辽宁省、吉林省、黑龙江省
中部地区：山西省、安徽省、江西省、河南省、湖北省、湖南省
西部地区：内蒙古自治区、广西壮族自治区、重庆市、四川省、贵州省、云南省、西藏自治区、陕西省、甘肃省、青海省、宁夏回族自治区、新疆维吾尔自治区(新疆+新疆兵团)

10-3 各地区国家技术转移机构促成技术转移情况

Technology Transfer Promotion Statistics of National Technology Transfer Centers by Region

单位：项 (item)

地区	Region	促成项目成交总数 Total Number of Projects Traded	战略性新兴产业项目成交数量 Number of Strategic Emerging Industry Projects	公共财政项目成交数量 Number of Public Financed Projects	国际技术转移项目成交数量 Number of International Technology Transfer Projects	重大技术转移项目成交数量 Number of Key Technology Transfer Projects
合　计	**Total**	**176613**	**90300**	**23185**	**1292**	**3393**
东部地区	Eastern Region	110990	50208	13002	1089	1424
中部地区	Middle Region	28502	20563	4901	54	989
西部地区	Western Region	25077	10674	4532	116	725
东北地区	Northeast Region	12044	8855	750	33	255
北　京	Beijing	16770	9501	2334	601	394
天　津	Tianjin	3879	3273	170	38	110
河　北	Hebei	4806	3017	1266	2	22
山　西	Shanxi	1123	381	23	1	79
内蒙古	Inner Mongolia	209	166	9		21
辽　宁	Liaoning	4996	3289	429	17	216
吉　林	Jiling	2102	870	237	3	19
黑龙江	Heilongjiang	4946	4696	84	13	20
上　海	Shanghai	8518	6378	1600	126	109
江　苏	Jiangsu	25350	15529	3981	84	314
浙　江	Zhejiang	8122	5248	411	108	193
安　徽	Anhui	3508	2902	318	11	90
福　建	Fujian	1786	915	436	4	34
江　西	Jiangxi	891	516	78		7
山　东	Shandong	8015	4357	2022	86	202
河　南	Henan	404	390	45	19	8
湖　北	Hubei	20811	15349	4307	23	295
湖　南	Hunan	1765	1025	130		510
广　东	Guangdong	33744	1990	782	40	46
广　西	Guangxi	150	62		1	55
海　南	Hainan					
重　庆	Chongqing	1274	108	3	2	
四　川	Sichuan	11890	6454	2736	93	423
贵　州	Guizhou	504	183	35		18
云　南	Yunnan	1086	242	187	1	15
西　藏	Xizang					
陕　西	Shaanxi	7063	2069	1030	8	167
甘　肃	Gansu	1591	992	108		9
青　海	Qinghai	156	59	51		
宁　夏	Ningxia					
新　疆	Xinjiang	1154	339	373	11	17

统计说明：
此统计数据包含5个计划单列市
东部地区：北京市、天津市、河北省、上海市、江苏省、浙江省、福建省、山东省、广东省、海南省
东北地区：辽宁省、吉林省、黑龙江省
中部地区：山西省、安徽省、江西省、河南省、湖北省、湖南省
西部地区：内蒙古自治区、广西壮族自治区、重庆市、四川省、贵州省、云南省、西藏自治区、陕西省、甘肃省、青海省、宁夏回族自治区、新疆维吾尔自治区(新疆+新疆兵团)

10-3 续表 Continued

单位：千元 (1000 yuan)

地 区 Region	促成项目成交总金额 Total Transaction Value of Projects Traded	战略性新兴产业项目成交金额 Transaction Value of Strategic Emerging Industry Projects	公共财政项目成交金额 Transaction Value of Public Financed Projects	国际技术转移项目成交金额 Transaction Value of International Technology Transfer Projects	重大技术转移项目成交金额 Transaction Value of Key Technology Transfer Projects
合 计 Total	**185526982.6**	**98671500.2**	**25734539.8**	**9171882.8**	**66123249.9**
东部地区 Eastern Region	112188495.0	67201812.1	16841392.0	6346712.2	37429882.4
中部地区 Middle Region	24797400.4	9967624.8	4737961.6	174328.5	13399802.5
西部地区 Western Region	37520112.5	12540402.9	3836084.3	2635959.6	11460694.3
东北地区 Northeast Region	11020974.7	8961660.4	319101.9	14882.5	3832870.7
北 京 Beijing	33667881.4	16421057.6	6873867.8	1049086.5	18380663
天 津 Tianjin	3752912.1	3544697.7	100967.3	8195.2	1411779.5
河 北 Hebei	1566825.3	1048453.2	397582	2400.2	153789
山 西 Shanxi	2224667.5	1043218	65320	1000	403579.1
内蒙古 Inner Mongolia	828143	758535	40700		28908
辽 宁 Liaoning	2796483.5	1604652	126186.2	13802.5	1589959.6
吉 林 Jiling	1091563.3	663072.9	160406	230	210525
黑龙江 Heilongjiang	7132927.9	6693935.5	32509.7	850	2032386.1
上 海 Shanghai	25832551	22639897.9	3834645.2	561361.2	2579925.2
江 苏 Jiangsu	11342833.4	7474139.6	2199107	66561.7	2063115.7
浙 江 Zhejiang	6049076.6	3944705.8	317726.2	123318.2	2057165.2
安 徽 Anhui	2082479.8	1742875.7	348989.9	5565.3	631660
福 建 Fujian	972015.2	644957	151418.8	7803.5	80989.7
江 西 Jiangxi	476390.6	324782.8	31468		83308.8
山 东 Shandong	22720659	8576412.2	1639932.6	1594324.7	6030909.5
河 南 Henan	2296393.4	497526.4	42180	63875.8	1914795.3
湖 北 Hubei	9906804.3	4907532.2	3544594	103887.4	3200596.7
湖 南 Hunan	7810664.8	1451689.7	705409.7		7165862.6
广 东 Guangdong	6283741	2907491.1	1326145.1	2933661	4671545.6
广 西 Guangxi	3340595.6	302346.9		2182	1059350
海 南 Hainan					
重 庆 Chongqing	1643514.6	30520	7500	2000	
四 川 Sichuan	20990859.9	8044782.3	1817519.7	2488366.6	6527027.4
贵 州 Guizhou	223449.2	104882.7	13520.2		82898.2
云 南 Yunnan	861033.2	502883.3	97149.3	2000	115324
西 藏 Xizang					
陕 西 Shaanxi	8515411.5	2085649.2	1751733.5	131714	3555703.1
甘 肃 Gansu	483471.2	422991.1	14025.6		11760
青 海 Qinghai	166454.1	113765.9	26531		
宁 夏 Ningxia					
新 疆 Xinjiang	467180.2	174046.5	67405	9697	79723.6

10-4 各地区国家技术转移机构服务情况

Service Statistics of National Technology Transfer Centers by Region

地　区	Region	组织交易活动（次）Number of Trading Activities Organized (item)	组织技术转移培训（次）Number of Technology Transfer Training Organized (item)	服务企业数量（家）Number of Served Enterprises (unit)	解决企业需求（项）Number of Solved Business Needs (item)
合　计	**Total**	**18866**	**344817**	**256605**	**198201**
东部地区	Eastern Region	13366	204941	156931	134755
中部地区	Middle Region	1438	39628	33989	17301
西部地区	Western Region	2850	80562	55001	37201
东北地区	Northeast Region	1212	19686	10684	8944
北　京	Beijing	2148	28222	23442	42548
天　津	Tianjin	942	14178	6228	4905
河　北	Hebei	285	7139	5750	4246
山　西	Shanxi	98	2453	1196	886
内蒙古	Inner Mongolia	74	1056	148	36
辽　宁	Liaoning	643	2418	3016	3998
吉　林	Jiling	293	13276	3547	2974
黑龙江	Heilongjiang	276	3992	4121	1972
上　海	Shanghai	2129	10071	13136	8318
江　苏	Jiangsu	4552	43121	42314	29290
浙　江	Zhejiang	1547	54583	30672	14260
安　徽	Anhui	578	18936	15551	3638
福　建	Fujian	260	11156	3412	5157
江　西	Jiangxi	166	1410	1671	1144
山　东	Shandong	744	8271	10789	5775
河　南	Henan	59	7529	1998	980
湖　北	Hubei	401	8436	11336	7635
湖　南	Hunan	136	864	2237	3018
广　东	Guangdong	759	28200	21188	20256
广　西	Guangxi	43	4401	2438	383
海　南	Hainan				
重　庆	Chongqing	193	4401	5695	1044
四　川	Sichuan	1004	48245	26072	24020
贵　州	Guizhou	4	235	395	312
云　南	Yunnan	111	1807	2826	2048
西　藏	Xizang				
陕　西	Shaanxi	1261	11884	14053	5924
甘　肃	Gansu	74	945	1125	1066
青　海	Qinghai	16	2182	389	100
宁　夏	Ningxia				
新　疆	Xinjiang	70	5406	1860	2268

统计说明：
此统计数据包含5个计划单列市
东部地区：北京市、天津市、河北省、上海市、江苏省、浙江省、福建省、山东省、广东省、海南省
东北地区：辽宁省、吉林省、黑龙江省
中部地区：山西省、安徽省、江西省、河南省、湖北省、湖南省
西部地区：内蒙古自治区、广西壮族自治区、重庆市、四川省、贵州省、云南省、西藏自治区、陕西省、甘肃省、青海省、宁夏回族自治区、新疆维吾尔自治区(新疆+新疆兵团)

10-5 计划单列市国家技术转移机构法人构成情况
Distribution of Organization Type of National Technology Transfer Centers of the Cities Listed Independently in the State Plan

单位：个 (unit)

城市	City	机构总数 Number of National Technology Transfer Centers	企业法人 Number of Enterprises	事业法人 Number of Public Organizations	社团法人 Number of Social Organizations	民办非企业 Number of Private Non-enterprise Organizations	内设机构 Number of Internal Organizations
合计	**Total**	**30**	**13**	**5**	**1**	**1**	**6**
大连	Dalian	6	2	1			3
宁波	Ningbo	6	3	2			1
厦门	Xiamen						
青岛	Qingdao	9	7	1			1
深圳	Shenzhen	9	1	1	1	1	1

10-6 计划单列市国家技术转移机构人员构成情况
Personnel Statistics of National Technology Transfer Centers of the Cities Listed Independently in the State Plan

单位：人 (person)

城市	City	总人数 Total Number of Employees	大学本科及以上 With University Education and Above	中级职称及以上 With Mid-level Professional Titles and Above	技术经纪人 Number of Private Non-enterprise Organizations
合计	**Total**	**1339**	**558**	**441**	**323**
大连	Dalian	435	92	98	55
宁波	Ningbo	317	206	118	92
厦门	Xiamen				
青岛	Qingdao	302	117	160	137
深圳	Shenzhen	285	143	65	39

10-7 计划单列市国家技术转移机构促成技术转移情况
Technology Transfer Promotion Statistics of National Technology Transfer Centers of the Cities Listed Independently in the State Plan

单位：项 (item)

城市	City	促成项目成交总数 Total Number of Projects Traded	战略性新兴产业项目成交数量 Number of Strategic Emerging Industry Projects	公共财政项目成交数量 Number of Public Financed Projects	国际技术转移项目成交数量 Number of International Technology Transfer Projects	重大技术转移项目成交数量 Number of Key Technology Transfer Projects
合计	**Total**	**4436**	**2365**	**945**	**36**	**224**
大连	Dalian	1119	288	211	10	110
宁波	Ningbo	742	422	34	2	33
厦门	Xiamen					
青岛	Qingdao	2137	1292	362	21	63
深圳	Shenzhen	438	363	338	3	18

10-7 续表 Continued

单位：千元 (1000 yuan)

城市	City	促成项目成交总金额 Total Transaction Value of Projects Traded	战略性新兴产业项目成交金额 Transaction Value of Strategic Emerging Industry Projects	公共财政项目成交金额 Transaction Value of Public Financed Projects	国际技术转移项目成交金额 Transaction Value of International Technology Transfer Projects	重大技术转移项目成交金额 Transaction Value of Key Technology Transfer Projects
合计	**Total**	**15994700.0**	**5089543.0**	**949609.4**	**1114571.0**	**5001516.3**
大连	Dalian	1354361.5	540094.3	34161.5	8684.4	940176.4
宁波	Ningbo	1072155.0	385320.0	93900.0	1000.0	499490.0
厦门	Xiamen					
青岛	Qingdao	12888585.7	3513120.9	247307.5	1103286.6	3137149.9
深圳	Shenzhen	679597.8	651007.8	574240.4	1600.0	424700.0

10-8 计划单列市国家技术转移机构服务情况
Service Statistics of National Technology Transfer Centers of the Cities Listed Independently in the State Plan

城 市 City	组织交易活动（次）Number of Trading Activities Organized (item)	组织技术转移培训（次）Number of Technology Transfer Training Organized (item)	服务企业数量（家）Number of Served Enterprises (unit)	解决企业需求（项）Number of Solved Business Needs (item)
合 计 Total	**977**	**20307**	**13926**	**9727**
大 连 Dalian	306	993	1000	1130
宁 波 Ningbo	259	13573	6450	3641
厦 门 Xiamen				
青 岛 Qingdao	250	4064	3927	1489
深 圳 Shenzhen	162	1677	2549	3467

第十一部分

主要指标解释

The Eleventh Part

Explanatory Notes on Main Indicators

主要指标解释

工业总产值：指工业企业在报告期内生产的以货币形式表现的工业最终产品和提供工业劳务活动的总价值量。包括生产的成品价值、对外加工费收入、自制半成品在制品期末期初差额价值三部分。

成品价值：指企业在报告期内生产，并在报告期内不再进行加工，经检验合格、包装入库的已经销售和准备销售的全部工业成品（包括半成品）价值合计。成品价值包括企业生产的自制设备及提供给本企业在建工程、其他非工业部门和生活福利部门等单位使用的成品价值，但不包括用订货者来料加工的成品（半成品）价值。

对外加工费收入：指企业在报告期内完成的对外承做的工业品加工（包括用订货者来料加工生产）的加工费收入和对外工业品修理作业所收取的加工费收入和对内非工业部门提供的加工修理、设备安装等收入。对外加工费收入按不含应交增值税（销项税额）的价格计算。

自制半成品在制品期末期初差额价值：为了使工业总产值与工业中间投入中的物耗价值一致，以便同口径地计算工业增加值，规定本指标的计算原则是：凡是企业会计产品成本核算中计算半成品、在制品成本，则工业总产值中必须包括自制半成品在制品期末期初差额价值。反之则不包括。

营业收入：指企业从事销售商品、提供劳务和让渡资产使用权等生产经营活动形成的经济利益流入。包括“主营业务收入”和“其他业务收入”。

技术收入：指企业报告期内用于技术转让、技术承包、技术咨询与服务、技术入股、中试产品收入以及接受外单位委托的科研收入等。

产品销售收入：指企业报告期内销售本企业生产的全部产成品、自制半成品和提供劳务等所取得的收入。

商品销售收入：指企业销售以出售为目的而购入的非本企业生产产品的销售收入。

实际上缴税费总额：指企业在报告期年度内因生产经营等活动而实际上缴的各项税金、特种基金和附加费等。

年末资产：指企业在报告年末拥有或控制的、由过去的交易或者事项形成的、预期会给企业带来经济利益的资源。包括企业拥有的土地、办公楼、厂房、机器、运输工具、存货等实物资产和现金、存款、应收账款和预付账款等金融资产。资产一般按流动性（资产的变现或耗用时间长短）分为流动资产和非流动资产。

年末负债：指企业过去的交易或者事项形成的，预期会导致经济利益流出企业的现时义务。

年末从业人员：指年度最后一日在本单位工作，并取得工资或其他形式劳动报酬的人员数。

研究开发人员：指报告期内企业参加研究开发活动的人员合计。

研究开发经费内部支出：指报告年内用于研究开发活动的实际支出，包括劳务费、科研业务费、科研管理费，非基建投资构建的固定资产、科研基建支出以及其他用于研究开发活动的支出。不包括生产性活动支出、归还贷款支出及转拨外单位支出。反映研发投入实际完成情况。

R&D 经费内部支出：指调查单位在报告年度用于内部开展 R&D 活动的实际支出。包括用于 R&D 项目（课题）活动的直接支出，以及间接用于 R&D 活动的管理费、服务费、与 R&D 有关的基本建设支出以及外协加工费等。不包括生产性活动支出、归还贷款支出以及与外单位合作或委托外单位进行 R&D 活动而转拨给对方的经费支出。

发明专利：指对产品、方法或者其改进所提出的新的技术方案。是国际通行的反映拥有自主知识产权技术的核心指标。

实用新型：指对产品的形状、构造或者其结合所提出的适于实用的新的技术方案。反映具有一定技术含量的技术成果情况。

外观设计：指对产品的形状、图案、色彩或者其结合所作出的富有美感并适于工业上应用的新设计。反映拥有自主知识产权的外观设计成果情况。

应用技术成果：应用技术成果主要是指针对某一特定的实际应用目的，为获得新的科学技术知识而进行的独创性研究。应用研究通常是为了确定基础研究成果或知识的可能用途，或是为达到某一具体的、预定的实际目的确定新的方法（原理）或途径。计算机软件、植物新品种、集成电路布图设计成果列入此类。

基础理论成果：基础理论成果是指为获得新知识而进行的独创性研究。其目的是揭示观察到的现象和事实的基本原理和规律，而不以任何特定的实际应用为目的。基础理论类图书列入此类。

软科学成果：软科学成果是指为推动决策科学化和管理现代化，运用现代科学技术手段，所取得的为解决各种复杂自然现象和社会问题的方案。它包括发展战略、规划、预测、项目评价、可行性论证、对策分析管理方案和理论方法等。

登记科技成果：符合《科技成果登记办法》中规定的登记条件，经省（部）级科技成果管理部门审查、登记的科技成果，包括国家科技计划项目、研究主体自发项目。

Explanatory Notes on Main Indicators

Gross Industrial Output Value refers to the total volume of final industrial products produced and industrial services provided during a given period in monetary terms. Gross industrial output value is composed of value of the finished products during the reference period, income from processing for external parties, and value of change in semi-finished products between the end and the beginning of the reference period.

Value of Finished Products During the Reference Period refers to the value of all finished (semi-finished) industrial products that are produced during the reference period, checked for acceptance, and sold or ready to sell, including the value of own-produced equipment and the value of products provided to the projects under construction of the enterprise, and to other non-industrial or welfare units, but excluding the value of finished products (semi-finished products) that are produced using the materials from the clients who place the orders.

Income from External Processing refers to income from contracted external processing of industrial products (including processing of industrial products using materials from the clients), the income from industrial repairing work provided to other parties, and income from processing, repairing, installation of equipment provided to non-industrial units within the enterprises. Income from external processing does not include value-added tax.

Value of Change in Semi-finished Products between the End and the Beginning of the Reference Period is calculated according to the principle that if the enterprise accounting includes the cost of semi-finished products, then the value of change should be included in the gross industrial output value, and vice versa. This is to keep the value of goods consumption of gross industrial output value and that of industrial intermediate inputs the same, so that the industrial added value is calculated in the same caliber.

Operating Revenue refers to the sum of various incomes from main business and other operations. It is consisted of "revenue from principal business" and "revenue from other business".

Technology Income refers to income of enterprises from technology transfer, technology contract, technology consultation and service, technology investment, pilot product sale and income from scientific research entrusted by other units over the year.

Income of Product Sales refers to income from sales of all finished products, self-made semi-finished products and income of services provided by enterprises over the year.

Income of Commodity Sales refers to sales income from products purchased by enterprises for the purpose of sale and not produced by enterprises themselves.

Total Taxes and Fees Actually Submitted refers to various taxes, special funds and extra charges actually submitted by enterprises.

Assets by the end of Year refers to the economic resources that can be calculated in monetary terms held or controlled by enterprises by the end of the reference year, including property in various forms, creditor's rights and other rights. Assets are divided into the following categories according to its liquidity (i. e., cashability and capacity to pay): current assets, long-term investments, fixed assets, intangible assets, deferred assets and other assets.

Liabilities by the end of Year refers to the sum of current liabilities and long-term liabilities in the financial statement.

Number of Employed Personnel by the end of Year refers to the number of all the labor force who is engaged in gainful employment in tenant enterprises and thus receive remuneration payment or earn business income by the end of the reference year.

Total Number of Personnel Engaged in Research and Development Activities refers to the number of personnel in the enterprises who are engaged in research and development activities.

Intramural Expenditure on Research and Development Activities refers to the real expenditure of surveyed units on their own research and development activities including expenditure on labor, scientific research, management of scientific research, fixed assets excluding capital construction, expenditure on infrastructure for scientific research activities and other expenditure on research and development activities. Excluding the expenditure on production activities, return of loan, and fees transferred to cooperated and entrusted agencies. This indicator reflects the actual completion status of research and development input.

Intramural Expenditure of Funds on R&D refers to the real expenditure of surveyed units on their own R&D activities including direct expenditure on R&D activities in projects, indirect expenditure of management and services on R&D activities, expenditure on capital construction and material processing by others. Excluding the expenditure on production activities, return of loan, and fees transferred to cooperated and entrusted agencies on R&D activities.

Patented Inventions refer to new technical proposals to the products or methods or their modifications. This is universal core indicator reflecting the technologies with independent intellectual property.

Patented Utility Models refer to the practical and new technical proposals on the shape and structure of the product or the combination of both. This indicator reflects the condition of technical results with certain technical content.

Designs refer to the aesthetics and industrially applicable new designs for the shape, pattern and color of the product, or their combinations. This indicator reflects the appearance design achievements with independent intellectual property.

Applied Technical Achievements refer to the original research carried out for a specific practical application purpose in order to obtain new scientific and technological knowledge. Applied research is usually to determine the possible use of basic research results or knowledge, or to determine new methods (principles) or approaches to achieve a specific and predetermined practical purpose. Computer software, new plant varieties and integrated circuit layout design achievements are included in this category.

Basic Theoretical Achievements refer to the original research carried out in order to obtain new knowledge. Its purpose is to reveal the basic principles and laws of observed phenomena and facts, rather than any specific practical application. Basic theory books are included in this category.

Soft Science Achievements refer to the solutions to various complex natural phenomena and social problems obtained by using modern scientific and technological means to promote scientific decision-making and management modernization. It includes development strategy, planning, forecasting, project evaluation, feasibility demonstration, countermeasure analysis and management plan and theoretical methods.

Registration of Scientific and Technological Achievements refer to the scientific and technological achievements that meet the registration requirements stipulated in the "Measures for the Registration of Scientific and Technological Achievements" and have been reviewed and registered by the provincial (ministerial) scientific and technological management department, which include national science and technology plan projects and projects supported by research unit.